Sauerkraut und Sojasauce

Eine Japanerin kocht in der bayerischen Provinz

YUKI SHIRONO

Übersetzung von
tor Daisuke Kietzmann

Inhalt

Dieser Comic wird wie im Original gelesen –
**von "hinten" nach "vorne"
und von rechts nach links.**

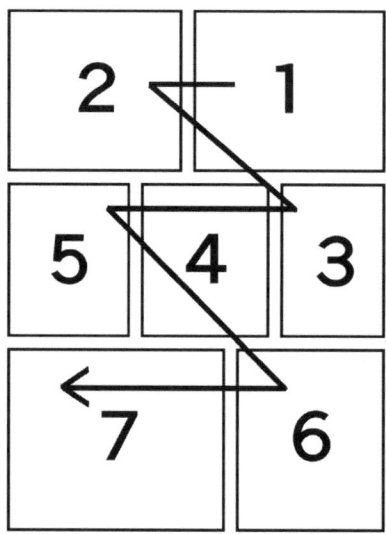

Die Manga-Serie wurde von Juni 2018 bis Januar 2019 im Internet veröffentlicht (https://comic-days.com/blog/entry/hakumai01) und erschien in Japan als Buch. Hier nun die deutsche Übersetzung.

Episode 1 **Chirashi-Sushi**

Was gibt's heute so zu essen?

Ein fröhliches Hallo vom bayerischen HinterLand!

Ich bin Yuki Shirono. Ich bin eine Comiczeichnerin aus Japan.

Alpen

Deutscher Ehemann

...und ich bin nach Deutschland gezogen.

Kurz nach meinem Studium haben wir geheiratet,

Damalige Deutschkenntnisse

Da-Dankeschön.

Guten Dag...

Das war's.

...und habe während des Studiums meinen deutschen Mann kennengelernt.

Ein paar einfache Schriftzeichen kann ich sogar lesen und Schreiben.

Auslandsstudent

Ich bin im japanischen Nara aufgewachsen...

Buddha-Statue

Heilige Hirsche & Reis-Cracker

Sushi

Kartoffeln, Wurst und Bier?

Deutsches Essen habe ich mir damals etwa so vorgestellt...

Sonst nichts.

...Sonst nichts?

Ta da !!

Was? So viele Sorten?

Aber...

...deutsches Brot ist großartig!

Nach wie vor keine Ahnung von Deutschland.

Am Anfang hatte ich Bedenken, auf was ich mich da eingelassen hatte.

Was genau ist „deutsches Essen"?

Schwarzwälder Schinken

Mettwurst

Leberwurst

Viele Sorten Käse

Parmaschinken

Salami

etc...

In Deutschland hingegen gibt es unterschiedlichste Beilagen für Brot.

Es gibt mehr als nur Wurst!?

Tsukudani (in Sojasauce gekochter Seetang)

Nori (Seetang)

Eingelegtes Gemüse

Reis-Gewürzmischung

Pollackrogen

In Japan haben wir unzählige Beilagen zum Reis.

Fast wie auf dem Oktoberfest.

Statt Fisch gibt es jetzt immerhin leckeres Bier.

Ahh!

Herrlich!

Für mich als Comiczeichnerin ist es egal, wo ich wohne & arbeite.

Praktisch

Mit dem Berufswechsel meines Mannes sind wir aber mitten ins bayerische Hinterland gezogen.

Fischbrötchen

Fischmarkt

Zunächst haben wir in Hamburg gewohnt und hatten immer frischen Fisch.

Ich muss etwas Japanisches essen!

!!

Und doch überkommt es mich von Zeit zu Zeit...

Hm?

Frisch gebackene Brezen sind sooo lecker.

So lebe ich, umgeben von Köstlichkeiten.

Butterbreze

Ist das eine Art kulinarisches Gedächtnis?

!?

Reis ohne alles... Köstlich!

Mampf

Mampf

Mampf

Was ich auch mache, dieses Gefühl kann ich einfach nicht abstellen.

Warum gibt es hier keinen Asia Markt!?

Ich komme einfach nicht an alle Zutaten ran.

ALPEN

Im nomalen Supermarkt

So teuer...

Für das Bisschen...

Zwei Euro für 150ml Sojasauce...

Muh?

Wenn ich so drüber nachdenke, habe ich in meinen drei Jahren hier eine ganze Menge japanischer Gerichte gekocht.

Aber...

Mit frischem, rohem Fisch!!

Ich will Chirashi-Sushi* essen!!

...deren Zutaten sich nicht beschaffen lassen.

Knuuurrr...

Außerdem fallen mir bei meinen „Heißhungerattacken" immer nur Gerichte ein...

Huch!

Für solche Fälle gibt es doch...

...den Lieferservice!!

Auf geht's!

Und mit Bambussprossen!

Japanischer Raps würde natürlich auch passen!

Was suchst du denn so verbissen?

Ohhh! Mit frischem Lachs, Bonito und Thunfisch...

PC

klick klick klick klick

cookie

Knirsch!

Zusammenreißen...!

Liefern ist gestrichen.

Lachs 200g
8€

Thunfisch 200g
20€

Kein Ergebnis für "Bonito".

Klick

8

Nein! Ich will es JETZT essen!

Ich werde nehmen, was immer ich im Haus finden kann.

Die Ansprüche sinken immer weiter.

Egal wie!!

Die Erleuchtung.

Dann muss ich sie halt mit Lebensmitteln aus dem deutschen Supermarkt ersetzen!

Sojasauce und Ähnliches liefern Asia Märkte direkt nach Hause.

Eigentlich könnte man sich viele der japanischen Lebensmittel einfach liefern lassen...

Das kostet aber natürlich entsprechend.

MISO

Japanischer Reis

Tatsächlich steckt in der Avocado ungeahntes Potential.

Mit der passenden Sauce ist es fast so gut wie Fisch.

Es lebe die Avocado!

Mischverhältnis:

Sojasauce 5
+
Sake 3
+
Zucker 1

Statt Fisch nehme ich...

Avocado!!

...eine Frucht.

Tada!!

Glaube ich...?

...mit Blumenkohl und Spinat ersetzen!

Spinat + salz

Blumen- kohl + Sojasauce + Zucker

Zweifel.

Rumms!

Bambussprossen und Japanischen Raps kann ich...

Die Konsistenz ist fast gleich.

Fertig!

Mit Zucker & Sojasauce & gedünsteter Shiitake-Pilze

Sesam & klein geschnittener Ingwer mit Reis

Apfel- statt Sushi-Essig.

Der lässt sich nämlich für fast alles verwenden.

Apfelessig

Omelett in Streifen schneiden.

Unglaub-lich!!

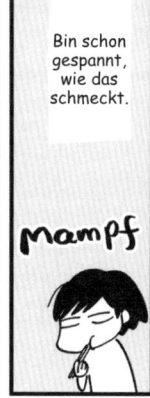

Bin schon gespannt, wie das schmeckt.

mampf

Sushi sagst du?

Zum Ein-Wickeln?

NORI

Das... das ist Chirashi-Sushi!!

Dieses tolle Sushi kann man einfach so essen!

Mein täg-licher Kampf, fehlende Zutaten irgendwie zu ersetzen.

Dass etwas so gutes daraus entstehen würde... das muss ich meinen Freunden empfehlen. Warum kocht man das nicht gleich auch in Japan so!?

Was für vielfältige Sushivarianten es doch gibt!

Mampf mampf

Versucht euch auch einmal am Chirashi-Sushi!

Der bissfeste und etwas süßliche Blumenkohl.

Die cremige Avocado getränkt in Sojasauce...

Köstlich!

Ein Hoch auf eingelegte Avocado!

Ende Episode 1

Episode 2 **Lachs-Rettich**

Mögt ihr Fisch auch so sehr wie ich?

Lachs geräuchert

↑ Vorgewürzt mit Pfeffer und Kräutern.

Zum Beispiel mit Meerrettich.

Hallo, zusammen! Ich liebe deutsches Brot mit Räucherlachs!

...dafür gibt es aber erstaunlich leckeren geräucherten Fisch.

Makrele Geräuchert

Gerne auch mal als Ganzes.

Fisch   Käse & Fleisch

Das war's?

Die Fischabteilung in deutschen Supermärkten ist zwar relativ klein...

Am häufigsten gibt es abgepackten Lachs oder Forellen. (Tiefgekühltes gibt es zum Glück mehr.)

Auf japanisch

Buri

Zum Beispiel die Stachelmakrele.

Wenn es aber um rohen Fisch geht...

Besonders Salzwasserfische.

...findet man hier viele der in Japan üblichen Arten nicht.

Nicht nur der Lachs...

...auch die geräucherten Makrelen und Forellen sind genial.

Mmmh!

Warum haben wir das nicht in Japan!?

Wie kann das so lecker sein!?

Ich war zufälligerweise gerade auf der Suche nach einem neuen Gericht für meinen Manga „Atari's Kitchen".

Band ① ~ ④ jetzt in Japan erhältlich.

Ich...

Gazonk!

Neulich im Supermarkt mit meinem geliebten Rettich.

Ich muss unbedingt Rettichmakrele essen!!

Weißer Rettich

Kann man zum Glück fast überall kaufen.

......

Wenn die Sauce so richtig in den Rettich eingezogen ist... so unvergleichlich saftig...!

Ähh...

Grrr...

Rettichmakrelen esse ich auch sehr gerne!

Im Verlag von „Atari's Kitchen"

Hmmm, das klingt doch gar nicht schlecht.

Ich möchte etwas über Rettichmakrelen zeichnen.

Das muss ich sofort benutzen!

Besprechung mit meinem Agenten

Oh!

......

Bitte...?

Knutrrrrr

Wissen Sie, ich komme hier leider nicht an die Zutaten...

Ich kann das hier leider nicht essen... Könnten Sie vielleicht damit aufhören...?

Womit soll ich denn „Stachel-makrelen-Stücke" ersetzten....

Ich würde ja gerne Ersatz finden, aber...

Vielleicht tut es ja auch ein Filet...

Hey, vielleicht könntest du...

Einfach Weitermachen, ja!?

Mein Agent weiß natürlich,

...dass mit zunehmendem Hunger auch meine Motivation steigt.

Haha, ich verstehe!

Haben Sie die übrig gebliebene Sauce schon mal auf frisch gekochten Reis gegeben? Das kann ich wirklich nur empfehlen!

Hören Sie mir überhaupt zu!?

„Fisch" ist hier die einzig verbleibende Gemeinsamkeit.

Passt! Das nehmen wir!!

Ta-da!

Das gibt es zum Glück im Supermarkt um die Ecke.

...statt-dessen einfach ein Lachssteak nehmen? Die gibt's sogar mit Wirbel-stück!

Deutscher Rettich ist so viel härter als unser japanischer.

Die Schale kann ich später noch verwenden.

Beim Schälen des weißen Rettichs nicht zu sparsam sein.

Zum Kochen eignet er sich wohl gar nicht so sehr... Vermutlich...

Man kann die Fasern schon sehen.

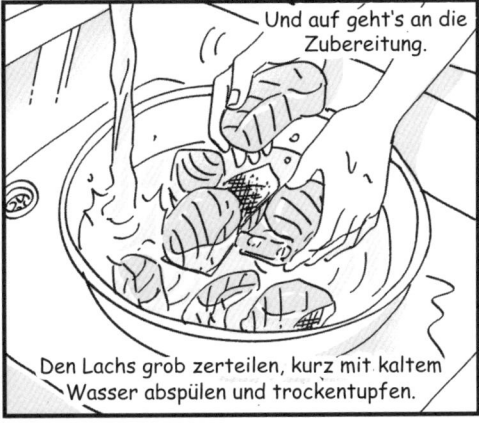

Und auf geht's an die Zubereitung.

Den Lachs grob zerteilen, kurz mit kaltem Wasser abspülen und trockentupfen.

13

Dampf!

Noch ein paar Stückchen Zitronenschale

Woah!

Was für ein Duft!!

Statt Sake nehme ich einfach Weißwein.

Möglichst mild.

Wein

Mit Ingwerscheiben, Sojasauce und Zucker einkochen und...

Mmmh!

Der Lachs ist so weich!

Lachs hingegen bleibt beim Kochen viel weicher.

Bei dem Gericht wird die Makrele oft recht trocken.

Nicht zu heiß kochen...

Ohhh!

Riecht auch nicht fischig!

Lecker!!

Passt super zum Reis!!

Ingwer und Zitrone machen es leicht und erfrischend.

Probiert doch auch einmal unseren Rettichlachs!

Er kann die Zutaten ja ganz leicht im Supermarkt kaufen!

Ähh...

...Ach?

Dann soll er es doch einfach zu Hause kochen!

Stachelmakrelen gibt es ja nicht...

Ähhm... jawohl...

Na los!

Mein Chef hat es schon gelesen und meinte,

plötzlich will er auch wieder Rettichmakrelen essen! Leider kann man das nirgends auf dem Weg zur Arbeit kaufen.

Am Tag darauf...

Die Episode „Rettichmakrele" habe ich in Rekordzeit gezeichnet.

HAHAHA

Ende Episode 2

14

Episode 3 **Gyūdon**

Hallo!
Und was esst ihr heute Leckeres?

Ich liebe typisch bayerische Weißwurst!

Passt auch wunderbar zu Weißbier.

Wo soll ich denn das Fleisch hernehmen!?

Jedes Mal, wenn ich „tolle, einfache Rezepte" im Internet finde...

Von wegen „einfach"...

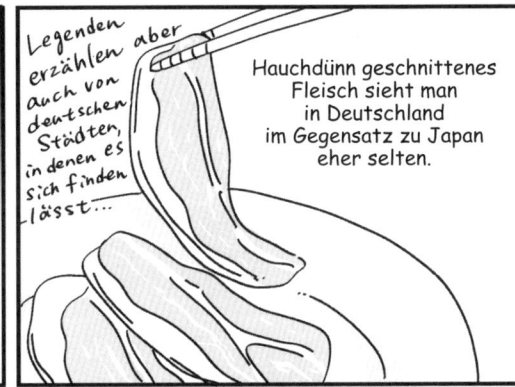

Legenden erzählen aber auch von deutschen Städten, in denen es sich finden lässt...

Hauchdünn geschnittenes Fleisch sieht man in Deutschland im Gegensatz zu Japan eher selten.

Hat früher mal ein Jahr in Japan gelebt.

Würdest du nicht auch gerne mal wieder Gyūdon essen?

In den Großstädten gibt's bestimmt längst Restaurants dafür...

Wenn sich „Shabu-shabu*" doch nur so wie Sushi verbreiten würde...

Wo wir gerade bei feinem Fleisch sind...

Murmel

murmel

15

*ein japanisches Feuertopf-Gericht mit dünn geschnittenem Fleisch

*Das Seidenfleisch haben wir in einem der "tollen, einfachen Rezepte" verarbeitet.

Eine Stunde später

Tada!

Endlich!

↳Die unteren Ränder sind trotz aller Mühe etwas ungleichmäßig.

Du machst das großartig!

Ganz schön fest...

Uhg...

knirsch knirsch

Der Großteil blieb dann doch an meinem Mann hängen.

Tut mir leid...

Die Zwiebeln leicht andünsten.

Das Ganze kochen wir zusammen mit Zwiebeln, Weißwein, Sojasauce und etwas Zucker.

Jetzt wo ich so drüber nachdenke...

...hätten wir nicht einfach einen Gemüse-Hobel nehmen können...?

klatsch

klatsch

Woaa! Das sieht ja super aus!

Auauau

Stimmt eigentlich.

Oh... Sushi...

Als ob wir hier roten Ingwer finden würden.

...und stattdessen Sushi-Ingwer eingekauft.

Den gibt es zum Glück in den meisten Supermärkten.

He... heh...

Wo wir gerade bei Ingwer sind, den roten Ingwer...

Da habe ich vorgesorgt...

Mit Dashi* wäre es bestimmt noch besser...

...aber stattdessen nehme ich einfach etwas geriebenen Ingwer.

Oh!

17

*japanische Brühe aus Bonito und Seetang

Dampf!

Fertig!!

Wooa!

Wasch-echter Gyūdon!

Auf warmem Reis ausbreiten,

...mit etwas Ingwer garnieren und...

U...

Britzel

Nun zum fragwürdigen Sushi-Ingwer...

Mampf

Das Fleisch hat zwar weniger Fett und ist deshalb etwas fester, aber diese Konsistenz hat auch etwas!

Der geriebene Ingwer ist schön eingezogen!

Mmmh!

Das ist so gut, ich glaube, ich werde in Zukunft öfter Sushi-Ingwer nehmen.

Vielleicht findet ihr ja auch etwas Neues, dass ihr mit Ingwer verfeinern könnt!

Isst zum Sushi auch gerne viel Ingwer.

Ingwer ist wirklich unschlag-bar.

Unglaub-lich Köstlich!

Der erfrischende Ingwer passt hervorragend zur süßlichen Sauce.

Ende Episode 3

Zitronen-Pfeffer

Wer soll das denn alles essen …?

Aber die waren gerade im Angebot.

Die niedrigen Preise für Obst hier verleiten mich immer wieder dazu, zu viel zu kaufen.

Ich habe es mal wieder etwas übertrieben.

Unter 1€ das kilo. Undenkbar in Japan!

Und doch gibt es Sorten, die sich einfach nicht finden lassen...

In Deutschland kommt man so viel einfacher an gutes günstiges Obst als in Japan.

Ich esse gerne Obst als kleine Zwischenmahlzeit.

Mampf mampf

Gleiches gilt auch für Obstsäfte.

Direkt gepresst

Japanische Zitrone

...zum Beispiel

Yuzu!!

Ta - da!

Ich hatte mich schon ganz damit begnügt, ab und zu mal Yuzu-Soja-sauce im Internet zu bestellen.

Heute gibt's Shabu-Shabu.

Eigentlich gehört sie ja auch nicht zum alltäg-lichen Speise-plan und ich hatte sie schon fast vergessen.

Kann man Sich zum Glück (für viel Geld) liefern lassen. →

Ich habe hier noch nie welche gesehen...

Angeblich findet sie auch in Deutschland langsam Verbreitung.

Leider dauert es ein wenig, bis neue Trends auch unser Dorf erreichen.

Gezuckerte Yuzu-Schalen

Hey, na!?

Hier, das hab ich dir aus einem Kombini* mitgebracht!

Als ich aber neulich Besuch aus Japan bekam.

*Convenience Store, kleiner 24-Stunden-Laden für Alltagsbedarf

So...

Hat das schon immer so lecker geschmeckt!?

So gut!

!?

Und so habe ich wieder die Büchse der Pandora geöffnet.

Hätte ich mich bloß nicht daran erinnert!!

Kurz probieren.

YUZU

Etwa drei Zitronen für ein kleines Schälchen.

Woaa! Das ging ja fix!

Fertig ist der Zitronen-Pfeffer!!

Und er riecht super!

Mörser für Gewürze findet man zum Glück auch in Deutschland.

Dann etwa 15% Masseanteil Salz hinzugeben,

...mit einem Mörser gut zerreiben und...

Und wenn man ihn ein paar Tage ruhen lässt, wird er sogar noch intensiver.

Das passt ja wirklich zu allem.

Schlürf

Mit japanischem Essen ist er natürlich auch super.

Nicht ganz wie Yuzu-Pfeffer...

Erstaunlich! Das passt ja auch zu westlichem Essen!!

...aber dafür hat er seinen eigenen Reiz.

Mit den Resten meiner Spaghetti Bolognese.

!

Spült den Zucker von den geschenkten Yuzu-Streifen ab, um sie zum Kochen zu benutzen. ↓

Ist... das denn so wichtig?

Dieses Gefühl wirst du niemals verstehen...

Trotzdem konnte ich meinen Hunger auf Yuzu damit nicht stillen...

Hält sich sogar bis zu einem Jahr im Kühlschrank.

Oh! Das schmeckt richtig gut!

Nicht Wahr!?

Ich kann den Zitronen-Pfeffer also nur empfehlen!

Ende Episode 4

22

Chirashi-Sushi

Im Gegensatz zum herkömm-
lichen Nigiri oder Maki-Sushi,
werden beim Chirashi-Sushi die
Zutaten einfach auf dem Reis
verteilt. Diese Zubereitungsart ist
nicht nur in traditionellen Restaurants zu finden, sondern erfreut
sich auch auf Festen oder in der
Küche zuhause großer Beliebtheit.

Zubereitung (für 2 - 3 Personen)

① Sushi-Reis
250g Reis kochen und mit 40ml Apfelessig,
2 EL Zucker und 1 TL Salz gründlich vermengen. Auf etwa
35°C abkühlen lassen.

② Beilagen
Eine Avocado in mundgerechte Stücke schneiden und für
30 Minuten in einer Sauce aus 3 Teilen Sojasauce, 2 Teilen
Mirin (falls vorhanden) und etwas ausgepresstem Ingwersaft
ziehen lassen.
Einen halben Blumenkohl grob zerteilen und zusammen
mit 400ml Dashi, 1 EL Sojasauce, 2 EL Mirin (oder 1/2 EL
Zucker) nach Belieben kochen.
Etwas Spinat in gesalzenem Wasser kochen.
Ein Ei zu einem dünnen Omlett verarbeiten und in 3 –
5mm dünne Streifen schneiden.

③ Die Beilagen hübsch auf dem Reis anrichten, und
... fertig!

Lachs-Rettich

Bei diesem Wintergericht werden Lachs und weißer Rettich in grobe Stücke geschnitten und in einer Brühe mit Sojasauce gekocht. Es passt zu Reis oder Sake und ist sowohl im Restaurant als auch in der heimischen Küche zu finden.

Zubereitung (für 2 Personen)

① 300g Lachs in grobe Stücke zerteilen. 300g Rettich schälen und in etwa 4cm dicke Scheiben schneiden.

② Lachs und Rettich mit 80ml Weißwein, einigen Streifen Ingwer, 3 EL Sojasauce, 3 EL Zucker in einem Topf zum Sieden bringen und etwa 10 Minuten köcheln lassen.

③ Den fertigen Lachs und Rettich in einer Schale mit einigen Streifen Zitronenschale garnieren und servieren.

Gyûdon

Ein beliebtes japanisches Fastfood, bei dem kurz gekochte Rindfleisch-Streifen auf Reis serviert werden. In fast jeder Stadt gibt es Läden, in denen ihr für ein paar hundert Yen eine Schale Gyûdon genießen könnt. Dieses einfache Traditionsgericht ist ein Muss für jeden Begeisterten der japanischen Esskultur!

Zubereitung (für 2 Personen)

① 250g Rindfleisch und 150g Zwiebeln in dünne, mundgerechte Streifen schneiden.

② 200ml Wasser, 4 EL Weißwein, 4 EL Sojasauce sowie 4 EL Zucker in einem Topf zum Köcheln bringen und die Zwiebeln hineingeben. Sobald die Zwiebeln etwas weich werden, das Rindfleisch hinzugeben.

③ Sobald das Fleisch gegart ist, etwas geriebenen Ingwer hinzufügen.

④ Auf einer Schale Reis anrichten und mit Sushi-Ingwer nach Belieben servieren.

Zitronen-Pfeffer

Yuzu-Pfeffer (hier mit Zitronen) ist besonders in Kyushu verbreitet und wird erst seit den 2000ern auch im restlichen Japan verwendet. Der sanfte Duft und die leichte Schärfe passen zu Suppen, Sashimi, Fleischgerichten und noch vielem mehr.

Zubereitung (für eine Portion)

① 3 Zitronen schälen und die Schale möglichst fein zerkleinern.

② Grüne Chili-Schoten entkernen und ebenfalls fein zerkleinern. (In etwa die gleiche Menge)

③ Zusammen mit etwa 15% Masseanteil Salz in einem Mörser gründlich zerreiben.

Zitronen-Pfeffer passt wirklich zu ALLEM, z.B. zu „Okonomiyaki" (siehe Episode 6) schmeckt er auch super.

Mmmh!

← Okonomiyaki

Episode 5 Hähnchen Kabayaki

Ich bekomme bei gutem Wetter immer Durst auf Bier!

Dieser Ausblick ist unbezahlbar!

犬

Geh doch mal an die frische Luft...

Grüße aus dem ländlichen Bayern, wo die Sommer (im Vergleich zu Japan) kurz sind und die Winter kalt.

Aber im Sommer muss ich auch immer an etwas anderes denken...

Oha!

...lässt sich der Sommer im Biergarten wunderbar genießen.

Zünftig!

Einfach köstlich!

Dafür gehe ich sogar mal nach draußen.

Bei „Deutschem Essen" denken viele an so etwas.

Mit so einer schweren, herzhaften Grillhaxe...

Da steckt ein Messer drin!?

Zum Schutz vor unstillbarem Hunger

Zensiert

...an Kabayaki* -Aal!!

27

*eine Zubereitungsart, bei der Fisch in süßer Sojasauce gegrillt wird.

Was verwendet man denn in Japan so stattdessen?

Deshalb würde ich ihn gerne durch etwas ersetzen.

Außerdem ist er aktuell vom Aussterben bedroht.

Telefonat mit meinem Agenten

Hmmm.

Am ehesten vielleicht mit...

20 € das Stück

Tatsächlich kann man auch in Deutschland geräucherten Aal kaufen...

...aber nur selten und für sehr viel Geld.

Interessant! Das würde ich gerne mal probieren!

Weißes Fleisch

Wie sich herausstellt ist eine Unterart namens „Pangasius" besonders beliebt.

Ja, oder?

Bitte was?

......

Wels?

Hmmmmmm. Grübel

grübel

Vielleicht muss ich hier komplett umdenken,

...anstatt einen vergleichbaren Ersatz zu suchen...

Das ist ja das Problem.

Da ist Süßwasser-Aal fast noch einfacher zu bekommen.

Und, kannst du bei dir Wels kaufen?

28

Aus dem Fleisch austretendes Öl aus der Pfanne entfernen.

Die Haut kurz anbraten, dann umdrehen und 5 Minuten bei schwacher Hitze und geschlossenem Deckel schmoren lassen. Das Fleisch kurz herausnehmen.

Mit etwas Pfeffer Würzen.

Tada!

Ohhh!

Riecht wie Kabayaki!!

Das Fleisch wieder hineinlegen, in mundgerechte Stücke zerschneiden und...

4 EL Sojasauce, 3 EL Weißwein, 3 EL Zucker in die Pfanne geben und gut verrühren.

Wein

So etwas Saftiges habe ich noch nie gegessen!!

Der Pfeffer gibt dem ganzen nochmal einen kick!

So weich!

Mmmmh!

Für mich bleibt es aber Kabayaki.

Probiert es doch auch einmal!

* Kabayaki ist eine Art Teriyaki.

Stimmt,

jetzt wo er es sagt...

Teriyaki kennt man auch in Deutschland.

Hm?

Und was ist das?

Teriyakihühnchen auf Reis?

Ende Episode 5

30

Episode 6 Okonomiyaki

Hallo! Ich bin's.

Leberkäse

↓

Ziemlich Schwer...

Seit meinem Umzug habe ich die vielen verschiedenen Möglichkeiten Fleisch zuzubereiten schätzen gelernt.

Aber der Zoll...

Davon würde ich gerne etwas als Geschenk mit nach Japan nehmen...

Vor allem aber schmecken alle lecker.

Fleisch darf man nicht importieren...

Mampf mampf

Hier gibt es viel mehr Sorten als in Japan. Die meisten sind günstig genug, um sie sich jeden Tag leisten zu können.

„Mehl-speisen".

Geboren in Osaka, Osaka ist berühmt für seine Vielfalt an Mehlspeisen.

Wenn ich an so einfache Gerichte denke, kommt mir immer etwas Bestimmes in den Kopf.

Soger die Wurst, die man an kleinen Ständen kaufen kann, schmeckt großartig.

Juhuu! Som-mer!

z.B. Curry-wurst

Curry Wurst

*herzhafte Pfannkuchen mit Sauce und Toppings

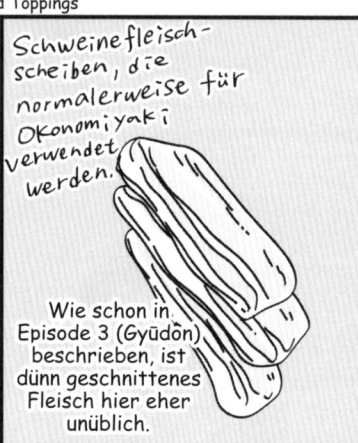

Schmeckt nur nach Kartoffeln...

Hmm...

Nicht schlecht, aber anders...

...aber irgendwie passte das nicht so richtig.

Ich habe es schon einmal mit Kartoffeln probiert,

Yams-wurzeln!!

Kann man hier natürlich auch kaum bekommen.

Es gibt aber noch etwas Anderes, was uns für Okonomiyaki fehlt, und zwar...

• 90g Weizenmehl
• 5g Backpulver
• 5g Dashi-Pulver
• Eine Prise Zucker & Salz
• 100ml Wasser
• 2EL Milch

Z Z Z

Als Erstes den Teig ansetzen und die Milch hinzugeben. Und 3 Stunden im Kühlschrank ruhen lassen.

Muh?

Milch gibt's hier mehr als genug!!

Hahaar!

Wir haben hier auf dem Land sogar einen Milchautomaten.

Stattdessen habe ich herausgefunden, dass man „den Teig mit Milch machen und ruhen lassen" kann.

Statt roten Ingwer nehmen wir mal wieder...

SUSHI INGWER

...Sushi-Ingwer und schneiden ihn in Streifen.

Spitzkohl

Deutscher Spitzkohl ist weicher...

...und süßlicher als der herkömmliche Weißkohl.

Für Sauerkraut wird generell dieser → verwendet. Weißkohl

Etwas härter

In der Zwischenzeit den Weißkohl und Lauch-zwiebeln kleinschneiden, leicht salzen und eine Stunde ziehen lassen.

33

Ende Episode 6

Bier-Tsukemono

Diese leicht säuerliche Note hebt den Geschmack auf ein ganz neues Level.

... Seit wann redest du wie ein TV-Koch?

Hallo! Ich bin wider da.

Ich liebe deutsches Fleisch mit frischem Sauerkraut!

Mmmh!

Es ist so herz-haft, dass man es auch einfach zu Kartoffeln essen kann.

Es ist quasi deutsches Tsuke-mono*.

Den ganzen Topf... allein...?

Leer →

Mjam mjam

Aus Weißkohl + Salz + Gewürzen (z.B. Lorbeer-blätter)

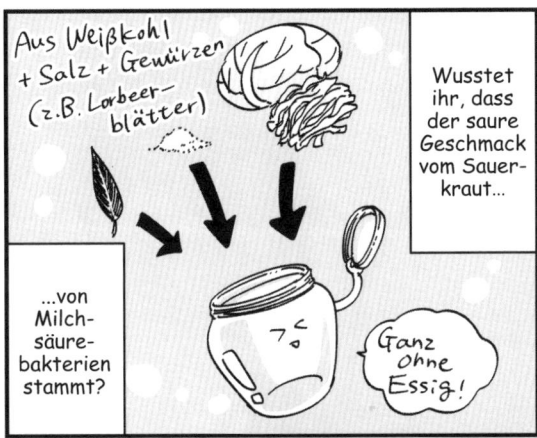

...von Milch-säure-bakterien stammt?

Ganz ohne Essig!

Wusstet ihr, dass der saure Geschmack vom Sauer-kraut...

*eingelegtes Gemüse

Nukazuke

... mit fermentierter Reiskleie eingelegtes Gemüse.

Auch mit Milchsäure-bakterien.

Japanisches Tsukemono.

Und naja...

wenn wir schon dabei sind, muss ich natürlich auch an das Gegenstück denken...

Seufz...

Kann ich nicht vielleicht etwas Anderes nehmen...? Der kräftige, herzhafte Geschmack...

Die säuerliche Note...

Knurrr...

Wer hätte gedacht, dass ich Tsukemono jemals so vermissen würde...

Na? Was meint ihr, wo bekomme ich hier „Nuka" her?

Ich komme auf meinen Spaziergängen an mehr Kühen als Menschen vorbei.

Aber wir leben hier am Fuß der Alpen mitten auf dem bayerischen Land...

Muh!

Bitte was?

Dachte ich mir schon...

Einlegen leicht gemacht mit Brot statt Reis

Mit Brot, Salz und Bier...

..kann ich mein ganz eigenes Nukazuke herstellen?

Nach intensiver Recherche...

...Huch!

Das muss ich unbedingt...

...mit deutschem Brot und Bier versuchen!!

Idee

Kann das wirklich so einfach sein!?

Bier

Und ich muss es nicht einmal regelmäßig umrühren?

Die ganze Fermentierung geschieht von selbst?

Andere Sorten mit hohem Weizengehalt sollten auch gut funktionieren.

...Solange ich es hier kaufe, ist alles Brot deutsch!

Was? So geht das doch nicht?

z.B. ein Weizenmischbrot

夫

...Freut mich sehr.

Luftig weiches „Ciabatta"!!

Also habe ich mir etwas Brot besorgt.

Mein Lieblingsbrot !!

Schmeckt gut, ja?

Aber das ist nicht deutsch, sondern italienisch.

Mampf

Das restliche Bier unbedingt austrinken.

Ohhh!

knet

knet

knet

300g Brot, 350ml Bier und 2 EL Salz gut vermengen.

Sieht schon gar nicht schlecht aus.

Helles Bier

Oder auch einfach in kleine Stücke zerreißen,

Kurz in den Mixer.

Ich mag es etwas intensiver.

Vor Hitze und direktem Sonnenlicht schützen.

Nach 12 Stunden sollte es schon fertig sein.

Starr...

Also warte ich 2 Tage.

Starr doch nicht so...

Gurken...

...und Sellerie mag ich auch.

Nach Belieben Gemüse hineingeben.

Das habe ich mal in einem japanischen Lokal gegessen.

Die harten Fasern entfernen.

(Falls es zu warm ist, lieber in den Kühlschrank stellen)

Ende Episode 7

Habt ihr heute schon Fisch gegessen?

Nordsee ... Ostsee ...

Ca. 800 km

Irgendwo hier wohne ich.

Wir haben hier viele Süßwasser-fische.

Was darf ich Ihnen bringen?

Ein herzliches „Grüß Gott!" aus dem Süden Bayerns.

Thunfisch-dosen

Geräucherte Forellen

Fischrogen

Rollmops

← Öl-Sardinen

Heringssalat

Geräucherter Thunfisch

Dafür gibt es erstaunlich viel Geräuchertes oder Eingelegtes.

Vieles davon habe ich in Japan noch nie gesehen!!

Tada!

Roh gibt es hier nur Lachs und Forelle. Vielleicht mal ein paar Schollen, Schrimps oder Muscheln.

Richtig frischen Fisch kriegen wir hier im Supermarkt leider kaum.

So klein

Moment!

Ist das nicht das gleiche Konzept wie bei Kakinoha-Sushi?

Haltbarkeit...

Aha!

Wow! Es gibt so viele Möglichkeiten, Fisch haltbar zu machen und die Geschmacksvielfalt dabei noch zu erweitern.

In heißem Wasser auf weichen lassen. →

Bin ich dann überhaupt noch Kakinoha-Sushi...?

Da ich keine Kaki-Blätter habe, nehmen wir einfach Kombu-Algen!

Direkt aus einem Asia Markt aus München.

Jetzt ist es zwar Kombu-Sushi, aber da es nichts Besseres gibt, mache ich einfach weiter.

Als Erstes den Matjes für eine Stunde in Wasser leicht entsalzen lassen.

Da ich nichts zum Beschweren hatte, habe ich Brettchen genommen und den Deckel mit Schnüren fest gebunden. ↓

Von oben beschweren oder mit etwas Druck verschließen.

Kleine Schneidebrettchen →

Sushi-Schicht

Ob das so geht...

Das Sushi in Form bringen, in Kombu einwickeln und z.B. in einer Tupperdose stapeln.

Falls es nicht hält, könnt ihr es in Frischhaltefolie oder Backpapier einwickeln.

Den Kombu der Länge des Sushi entsprechend schneiden.

Wasabi

Gerne auch mit etwas Wasabi. (Sojasauce ist nicht nötig, da es so schon salzig ist.)

Ohhh! Sieht wirklich so aus wie gepresstes Sushi!

Nach einem Tag ist es fertig!

Der Kombu kann weiter verarbeitet werden.

Ende Episode 8

Hähnchen-Kabayaki

Aal-Kabayaki auf Reis gilt als stärkendes Sommergericht und erfreut sich besonders bei älteren Personen großer Beliebtheit. Die typisch süß-scharfe Sauce passt aber auch hervorragend zu Hähnchen.

Zubereitung (für 2 Personen)

① Einen Hähnchenschenkel entbeinen (siehe Episode 5) und mit dem Messerrücken gleichmäßig weichklopfen.

② Mit etwas Öl zuerst mit der Haut nach unten goldbraun braten. Anschließend wenden und mit geschlossenem Deckel für 5 Minuten bei schwacher Hitze schmoren lassen.

③ Das Fleisch herausnehmen und das Öl leicht abtupfen. 4 EL Sojasauce, 3 EL Weißwein sowie 3 EL Zucker in die gleiche Pfanne geben und einkochen.

④ Das Fleisch wieder zurück in die Pfanne geben und gründlich mit der Sauce mischen.

⑤ In mundgerechte Stücke schneiden und mit etwas buntem Pfeffer auf Reis servieren

Okonomiyaki

Dieses japanische Traditions-gericht ähnelt einem herzhaften Pfannkuchen, in den je nach Region gerne Gemüse, Fleisch oder auch Meeresfrüchte hineingemischt werden. Es wird mit süß-scharfer Soße oder Mayonnaise gegessen und ist besonders in Osaka und Hiroshi-ma beliebt.

Zubereitung (für 2 Personen)

① 90g Weizenmehl, 5g Backpulver, 5g Dashi, 100ml Wasser, 2 EL Milch sowie eine Prise Zucker und Salz in einer Schüssel vermengen und etwa 3 Stunden im Kühlschrank ruhen lassen.

② 150g Weißkohl, 3 Stangen Lauchzwiebeln und 10g eingelegten Ingwer fein zerkleinern und mit 2 EL Tenkasu (falls vorhanden) sowie 2 Eiern gut verrühren. Anschließend gründlich mit dem Teig aus 1. vermengen.

③ Je eine Portion kreisförmig in eine vorgeheizte Pfanne geben und nach Belieben weitere Zutaten auf den Teig streuen. Bei schwacher Flamme und geschlossenem Deckel für etwa 8 Minuten braten. Anschließend wenden und bei offenem Deckel für weitere 3 Minuten braten.

④ Mit Okonomiyaki-Sauce (z.B. aus dem Asia-Markt) und Mayonnaise servieren.

Bier-Tsukemono

Tsukemono bezeichnet verschiedenste Arten von eingelegtem Obst und Gemüse, dessen Ansetzen von einigen Stunden hin bis zu mehreren Jahren dauern kann. Besonders beliebt sind hierbei Gurken, Rettich, Rüben, Kohl oder Auberginen.

Zubereitung (für eine Portion)

① 300g Brot eurer Wahl in einem Mixer grob zerkleinern und mit 350ml Bier und etwa 2 EL Salz gründlich vermengen.

② Verschiedene Gemüse in mundgerechte Stücke schneiden und in der Mischung aus 1. einlegen. Vor Hitze und direkter Sonneneinstrahlung schützen.

* Für einen besonders intensiven Geschmack könnt ihr es bis zu einer Woche lang ziehen lassen.
* Die Brotmischung kann mehrmals verwendet werden. Den "Teig" austauschen, sobald er anfängt zu wässrig zu werden.

Mit Gemüse
je nach Vorliebe.

Oshi-Sushi

Eine Art von Sushi, bei dem vorgewürzter Fisch zusammen mit Reis in Kombu oder Kaki-Blätter gepresst wird. Die genaue Zubereitung ist je nach Region sehr unterschiedlich, und es ist besonders beliebt zu Festen und Feierlichkeiten. Es ist haltbar und gut zu transportieren, eignet sich also hervorragend als Bento-Beilage.

Wenn man das einfacher machen möchte, kann man Reis, Fisch und Kombu in eine Tupperdose geben & mit einem schweren Deckel einen Tag ruhen lassen. Dann schneiden und genießen.

Zubereitung (für 2 - 3 Personen)

① 2 bis 3 Blätter Kombu in warmem Wasser einweichen lassen.

② 250g Reis kochen und mit 40ml Apfelessig, 1,5 EL Zucker und 1 TL Salz zügig vermengen.

③ Fisch oder Fleisch nach Belieben entsprechend der gewünschten Größe des Sushi zurechtschneiden. Dann aus dem Reis mit feuchten Händen kleine Stücke formen und mit den Fisch- oder Fleischscheiben belegen.

④ Das so entstandene Nigiri-Sushi aus 3 in den Kombu einwickeln und in einem Behälter anordnen. Mit einem Deckel oder Brettchen etwas Druck auf das Sushi ausüben und einen Tag ruhen lassen.

*Als Zutaten eignen sich beispielsweise Räucherlachs und -makrele, Matjes (eine Stunde in Wasser entsalzen) oder roher Schinken.

46

Episode 9 **Ponzu-Sojasauce**

„Radler"

Sieht aus wie Bier-schmeckt wie ein Cocktail.

Ahhh!

Ich trinke im Sommer schnell mal ein Radler zu viel.

Hallo zusammen!

Mögt ihr Zitrusfrüchte auch so sehr wie ich?

In Norddeutschland heißt es übrigens Alsterwasser.

Nicht zu süß, dafür aber umso erfrischender.

Ich persönlich mag das klassische Radler mit Zitronengeschmack am liebsten.

Zisch!

Zum Beispiel Orangen-Limonade

Deutsche Limonade ist interessanterweise nicht immer aus Zitronen.

Es gibt also viele verschiedene Arten von Radler.

„Limonade"

Außer das beides Zitrusfrüchte sind, haben sie sonst kaum etwas gemein.

Dass wir hier keine Yuzu haben, wissen wir ja bereits (Episode 4)

Ich würde gerne mal wieder etwas mit Yuzu-Ponzu kochen.

Hach...

Neulich saß ich wieder mit einem Radler im Garten...

Da fiel mir aus heiterem Himmel ein...

Oh!

47

Hmmm...

Moment mal...

Wer sagt eigentlich, dass ich nur Yuzu oder Zitronen für mein Ponzu nehmen darf?

Es schmeckt, aber mit Yuzu war es trotzdem irgendwie anders...

Bisher habe ich für Ponzu immer Zitronen verwendet.

Hast du was anderes erwartet?

Schlürf

Im Englischen ist daraus der "Punch" geworden.

Der Begriff stammt angeblich vom holländischen „Pons": ein Zitrusfrucht-Likör, der als Aperitif getrunken wurde.

Daher kommt also das deutsche Wort „Punsch"...

Aha!

Zum Beispiel der Kinderpunsch vom Weihnachtsmarkt mit verschiedenen Fruchtsäften, Gewürzen und Zucker, aber ohne Alkohol.

Genau genommen ist Ponzu schließlich nur ein „asiatisches Würzmittel auf Zitrusfrucht-Basis".

Limette
Orange
Yuzu
Kabosu

Ponzu

Mit Ponzu ist in diesem Manga die Ponzu-Sojasauce gemeint.

Die Früchte mit zwei schrägen Schnitten vierteln.

Schräg

Wieder schräg

Super einfach!

Btschhh

Zuerst Zitronen-Ponzu, dann mit Limette und dann eine Variante mit Orangen!

Auf geht's!

Damit fällt also alles unter Ponzu, solange es Zitrusfrüchte enthält!

Glaube ich.

48

Sehr einfach!

Vor dem Verwenden kurz absieben. ♪

Nach dem Abkühlen weitere 50ml Weißwein und 100ml Zitronensaft beimischen.

Eine Hand voll Katsuobushi, ein Stück Kombu (5 x 10cm) hineingeben und eine Nacht ziehen lassen.

Tupperdose

Statt Sake nehme ich mal wieder Weißwein.

Weißwein

Für das Zitronen-Ponzu mische ich 100ml Sojasauce, 50ml Sake und 1 EL Zucker.

Ähhh... bist du sicher?

Fast so, als würde man etwas Verbranntes mit mehr Zucker retten wollen.

Schaufel

Zucker

Für das Limetten-Ponzu nehme ich die gleichen Mengen.

Aber damit es nicht zu bitter wird, gebe ich noch einen EL mehr Zucker hinein...

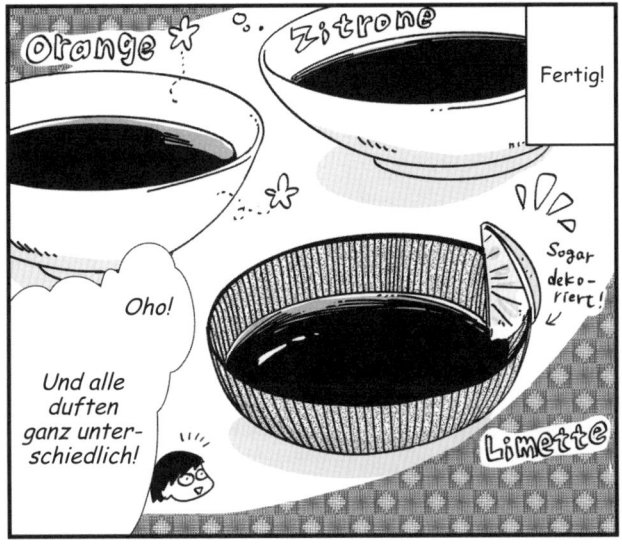

Orange ✱

Zitrone

Fertig!

Oho!

Und alle duften ganz unterschiedlich!

Sogar dekoriert!

Limette

Orangen sind süßer, also verzichte ich hier auf den Zucker.

Nnnghhh...!

Warum sind die so riesig...

Ebenfalls eine Nacht ziehen lassen und...

Die besonders saure Zitrone ist...

...eine hervorragende Erfrischung an heißen Tagen.

Ahhh! So erfrischend!!

Die gibt's auch im Asia-Markt.

Um die verschiedenen Ponzu zu genießen, nehme ich neutrale Sōmen (dünne Weizennudeln).

Zuerst klassisch mit Zitrone.

)) Schlürf

Als Letztes das Orangen-Ponzu, das ich mir nicht so wirklich vorstellen konnte...

Gespannt darauf...

Von allen dreien kommt dieses hier dem Yuzu-Ponzu am nähesten.

Süß, sauer und bitter verschmelzen hier zu einer köstlich erfrischenden Einheit!

Der leicht herbe Geschmack ist sagenhaft!

Lecker!

Woaa! Was ist das denn!?

Als Nächstes das Limetten-Ponzu, bei dem ich Zucker reingemogelt habe.

Mampf

Probiert doch auch einmal ein hausgemachtes Ponzu!

Mjam mjam

Lecker, schnell und einfach zuzubereiten!

Den ausgesiebten Katsuobushi aus dem Limetten-Ponzu kann man auch bestens zu Reis genießen.

Jetzt wo ich so darüber nachdenke... Ponzu passt ja besser als ich dachte!

Mal sehen wie lange meine Vorräte reichen...

Kann ich nur empfehlen! Besonders an heißen Sommertagen.

Erstaunlich!!

K... Köstlich!!

Das passt ja unglaublich gut zu den Nudeln!

Für Sōmen ist das hier sogar am besten!!

Ende Episode 9

Jedes Mal wenn ich an einer Bäckerei vorbeikomme, muss ich etwas mitnehmen.

Eins davon und... hiervon und...

Noch etwas?

Mögt ihr Süßes auch so sehr wie ich?

Ich liebe die deutschen fruchtig süßen Teigwaren!

Torten, die trotz der vielen Sahne nicht zu schwer im Magen liegen.

Kuchen und Schnitten

Luftig leichter Käsekuchen

Pflaumenkuchen

Natürlich gibt's aber auch unglaublich süße Küchlein.

Glasierte Erdbeer-küchlein

Hier gibt es die unterschiedlichsten süßen Verlockungen.

Nicht zu süß und erfrischend lecker!

Himbeer-schnitte mit Gelee

Allerdings scheint der in Japan so berühmte deutsche Baumkuchen hier gar nicht so weit verbreitet zu sein.

Mein Mann kannte ihn auch nicht.

Echt jetzt!?

Baum... was?

Ich würde echt gerne mal wieder Wagashi* essen.

Bei guten Bäckern kann man all die leckeren Zutaten herausschmecken!

Mmmh.

Wo wir gerade bei fruchtig sind...

So leicht und fruchtig... einfach lecker!

*traditionelle japanische Süßigkeiten

*kleine Küchlein aus Reisteig mit Anko-Füllung

*süße, purpurrote Bohnenpaste

Ich glaube zwar nicht, dass die Farbe viel zu sagen hat,

...aber einen Versuch ist es wert.

?

Rote Linsen

Kann ich nicht einfach diese roten Linsen nehmen?

Die sind sogar rot!

Die gibt es zum Glück überall.

Die oben schwimmenden Linsen garen nicht richtig.

Am besten ich entferne sie zusammen mit dem Schaum.

Zum Kochen bringen und bei schwacher Hitze für 20 Minuten köcheln lassen.

köchel   köchel

200g rote Linsen kurz waschen...

...in 600ml Wasser geben.

Zum Abschluss mit einer Prise Salz noch einmal gut umrühren und...

Die Linsen sollten vollständig zerdrückt sein und beim Rühren sollte der Boden des Topfs sichtbar werden.

Ich mag es nicht ganz so süß, nehme also etwas weniger Zucker.

...100g Zucker untermischen und die Linsen dabei gründlich zerdrücken.

Selber kochen ist schon praktisch. Man kann die Zuckermenge nach Belieben anpassen.

Wenn ihr es süßer mögt, könnt ihr auch ein paar Gramm mehr nehmen.

Sobald die Linsen das Wasser aufgesogen haben,

Einmal kurz nicht aufgepasst und sofort quellen die Linsen auf.

Ach herrje!

53

Rote Linsen sind eigentlich eher orange als wirklich rot.

Aus dem Orange ist eher ein Braun geworden?

Und es riecht super lecker!

Wenn wir es schon mal fertig haben, können wir auch Wagashi draus machen.

Weizenmehl Typ 405

Ohhh!

Fertig ist das...

...Linsen-Anko!

Ein sattes Kastanien-braun!

Dampf dampf

Nun zum Geschmacks-test...

Haps...

Fertig sind die haus-gemachten Anko-Taschen!

Tada!

Ohh! Viel ein-facher als Daifuku selbst zu machen!

Kleine Küchlein formen und diese mit etwas Anko füllen, kurz braten und...

Knet

200g Weizenmehl mit einer Prise Salz und 130ml kochendem Wasser gut verrühren...

Ein ganz neuer Geschmack.

Ich glaube mir schmeckt es sogar besser als gewöhnliches Anko.

Löffelt es mittlerweile einfach aus der Schale.

Wenn ihr Interesse an japanischen Süßwaren habt, probiert unser Linsen-Anko doch auch einmal!

Der knuspri-ge Teig passt hervorragend zum luftig-warmen Anko.

Durch kurzes, abschließendes Dünsten werden sie sogar noch weicher.

Unglaublich!

Sind das wirklich rote Linsen?

Waaaas!? Wie kann das so lecker sein?

Schmeckt wie eine Mischung aus Kastanien und Süß-kartoffeln.

Ende Episode 10

54

Misosuppe mit Muscheln

Schlicht und einfach, weil wir hier außer Mies- und Jakobsmuscheln (teuer) keine frischen Muscheln kaufen können.

Esst ihr auch gerne Muscheln?

Ich habe in Deutschland zum ersten Mal...

...Miesmuscheln gekauft.

Das riecht super!

Paella

Und so hatte ich sie fast ganz vergessen, bis eines Tages...

Besonders vermisst habe ich Miesmuscheln dann aber auch nicht.

Du darfst niemals Muscheln in Monaten essen, die nicht auf einem „R" enden!!

Immer noch keine...

Wenn überhaupt, sehe ich nur zwischen Oktober und Frühling welche im Sortiment.

Im Sommer findet man seltsamerweise fast kaum frische Muscheln in den Supermärkten.

Das ist gefährlich!

September
Oktober
November
:
Februar

Was? Wieso das?

Dieses sanfte Aroma...

Wie kann...

...diese einfache Muschelsuppe... so gut schmecken?

Und es passt so gut zum Reis!!

Das hier habe ich in der Überlebensration (Geschenke-Box) von meinem Agenten gefunden.

Echte körbchenmuscheln Fertigsuppe mit Miso

Tada!

Ohhh!
Miso-Suppe mit Muscheln!!

しじみ エキス

Mein monatliches Rettungspaket direkt von meinem Held aus Japan.

...muss ich meine Miso-Suppe eben mit Miesmuscheln kochen.

Aufgeben...

...ist keine Option.

Das... reicht doch niemals...

Leider reicht die Packung aber nur für drei Mahlzeiten...

Entzugserscheinungen von japanischem Essen

Und Körbchenmuscheln bekomme ich hier auch nicht. Also...

Schon leer...

Warte, bitte nicht!!

Anscheinend nur ohne Schale.

...kaufen dort einfach ein paar tiefgefrorene rohe Muscheln.

Was!?

Was soll's...

Wrumm

wrumm

...fahren wir eben zu einem größeren Supermarkt und...

Wie schon erwähnt, konnte ich aber keine Miesmuscheln in den lokalen Geschäften finden.

Aufgrund der seltsamen Anwandlungen meines Mannes haben wir uns also für die vorgegarten Muscheln entschieden.

Aber... Ob ich daraus... eine Brühe machen kann...

Bitte!!

Nimm wenigstens diese vorgegarten Miesmuscheln!!

Das ist nicht die richtige Jahreszeit!

Die sind sogar auf keime geprüft!

gekocht ok

Ich glaube, ich werde ab jetzt nur noch geschälte, tiefgekühlte Muscheln ohne Schale nehmen...

Ganz schön Glück gehabt...

Eigentlich müsste ich die Muscheln in Schale vorher gründlich säubern.

Muscheln ohne Schale sind da echt viel einfacher...

So siegt meine Faulheit über das Verlangen nach einer feineren Brühe...

Um auch das letzte bisschen Geschmack daraus zu gewinnen...

Zunächst also Muscheln und Kombu in Wasser aufkochen.

...den Kombu erst kurz bevor das Wasser siedet entnehmen.

Eine Miso-Packung für Großküchen aus dem Asia-Markt.

Zum Schluss vom Herd nehmen, Miso-Paste in der Suppe auflösen und...

Beim Kochen werden sonst schnell mal seltsame Gerüche frei.

Weißwein klappt hier ebenfalls.

Gegen etwaige unangenehme Gerüche gebe ich noch etwas Sake hinzu.

Ohh!

Es duftet mal wieder, als würde es bestens zu Reis passen!!

Fertig ist die Miesmuschel-Miso-Suppe!!

Herrlich duftend

Ende Episode 11

Als kleines Kind mochte ich kein eingelegtes Gemüse.

Hallo, alle zusammen!

Mein Mann hat zur Studienzeit mal in einem Burger-Restaurant gearbeitet.

Selbstgemachte Burger sind die besten!

Was darf's heute sein?

Aber mittlerweile ist mir klar: Eingelegte Gurken gehören in jeden guten Burger.

Waaaas? Der ganze Gang?

Tada!!

In deutschen Supermärkten gibt es verschiedenste Sorten von eingelegtem Gemüse.

Gurken, Oliven, Spargel und noch vieles mehr.

Nicht so knackig und sauer wie Rakkyo...

...Aber irgendwie schmecken sie dann doch etwas anders.

Ich habe die eigentlich so gut wie nie gegessen...

Schmeckt aber gar nicht schlecht.

Moment... Die sehen fast so aus wie japanische Rakkyo-Zwiebeln...

Die kann ich doch bestimmt wie Rakkyo verwenden!?

Huch?

Oh! Was ist das?

Dort habe ich neulich etwas Ungewöhnliches gefunden.

Eingelegte Mini-Zwiebeln!? Wie niedlich!

Silber zwiebeln

59

Könnten die nicht vielleicht besser passen?

Diese Schalotten...

Ach menno... Wo soll ich hier in Deutschland denn welche finden...

Es bleibt der ungestillte Hunger nach Rakkyo.

Mh?

Seufz...

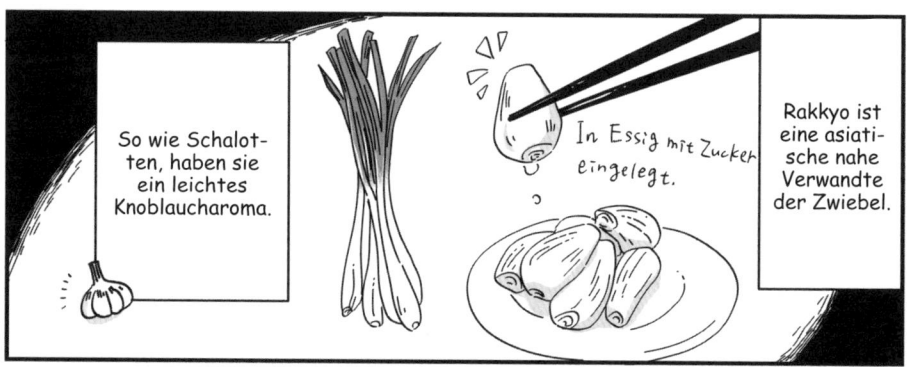

So wie Schalotten, haben sie ein leichtes Knoblaucharoma.

In Essig mit Zucker eingelegt.

Rakkyo ist eine asiatische nahe Verwandte der Zwiebel.

Ist ja ebenfalls sauer eingelegt.

Für den Notfall kann ich ja auch noch etwas Sauerkraut mitnehmen...!!

Passt sicherlich genauso zu Curry...

Fragwürdige Notvorkehrung.

Sauerkraut

Mit Stiel und Erde

Für vorgeschälte Rakkyo

Eine Internetsuche später

Einlegen für Fortgeschrittene

25 Tipps zum Einlegen

Anfänger

Hmmm... warum ist das alles so aufwendig... Irgendetwas geht doch bestimmt wieder schief.

Schaufel schaufel

Die passen bestimmt auch zu japanischem Curry!

...wie legt man die eigentlich ein?

Am besten ich nehme die kleineren...

120ml Essig (Bei milderem eher 150ml)

Als Erstes die Essigmischung.

Das Wasser kurz zum Sieden bringen, Zucker, Chili und Essig hineinmischen und abkühlen lassen.

80g Zucker

50ml Wasser

Chili-Schote

Sind ja auch nur Zwiebeln. Was soll schon schief gehen!?

Also versuche ich es erst einmal mit „Einlegen leicht gemacht".

Meinst du...?

Essig

Meine Augen...

Die äußeren Schichten entfernen und das Innere in möglichst kleine Segmente auseinander nehmen.

Die äußeren Schalen kann man einfach wie Zwiebeln verwenden.

Die Schalotten schälen und die Wurzelansätze wegschneiden.

← Bei großen Schalotten auch die Spitzen abtrennen

Etwa 60g

Von unten werden dann die einzelnen Teile sichtbar.

Für 3 Wochen im Essigsud einlegen und...

Chilischote

Etwas Salz (1g) darauf verteilen und über Nacht ziehen lassen.

Danach das Salz abspülen und für 15 Sekunden in siedendem Wasser abkochen.

Und der Geschmack...

!!

Mampf mampf

Knusper

Fast wie Rakkyo-Zwiebeln!!

Schön bissfest!!

Fer-tig!!

Wow! Die sind ja richtig schön rosa geworden!!

Auch wenn sie etwas groß sind...

Glitzer!

Die Schärfe der Chili macht es sogar noch vielschichtiger.

Ohhh!

Ich kenne leider keinen Vergleich...

Passt richtig gut zu japanischem Curry!!

...aber das macht sie fast noch erfrischender.

Falls der Geschmack zu schwach ist, einfach etwas mehr Essig nehmen.

Sie sind zwar etwas schärfer als Rakkyo...

Probiert doch auch einmal unsere Schalotten, wenn ihr das nächste Mal Hunger auf Rakkyo-Zwiebeln habt.

Sonst verpasst ihr was!

„Das nächste Mal"...?

Das Curry schmeckt... irgendwie... deutsch...?

...In... teres-sant...!?

Etwas seltsam, aber auch gar nicht schlecht.

Mit genug Sauerkraut schmeckt eigentlich alles deutsch.

Wo ich schon dabei bin, probiere ich gleich etwas Sauerkraut zum Curry.

Haps!

Sauerkraut

Ende Episode 12

Ponzu-Sojasause

Ponzu-Sojasauce ist eine Mischung aus dem Saft von Zitrusfrüchten und herkömmlicher Sojasauce. Es wird vor allem mit Natto*, als Dressing oder zu Nabe-Gerichten* verwendet und ist in nahezu jedem japanischen Haushalt zu finden.

*Traditionelles Lebensmittel aus Sojabohnen mit schleimiger Konsistenz
*Japanische Eintopfgerichte

Zubereitung (für eine Portion)

① 100ml Sojasauce, 50ml Weißwein und 1 EL Zucker in einem Topf vermischen und kurz zum Sieden bringen.

② Nach dem Abkühlen 100ml Zitronensaft, 50ml Apfelessig, etwas Katsuobushi und ein Stück (5 x 10cm) Kombu hinzugeben. Eine Nacht ziehen lassen.

*Ihr könnt auch Limetten- oder Orangensaft verwenden. Passt am besten die Zuckermenge an die Süße der jeweiligen Zitrusfrucht an.

Mein Mann liebt Ponzu. ♡

Gekochtes Gemüse mit Ponzu ist ein Träumchen!

Linsen-Anko

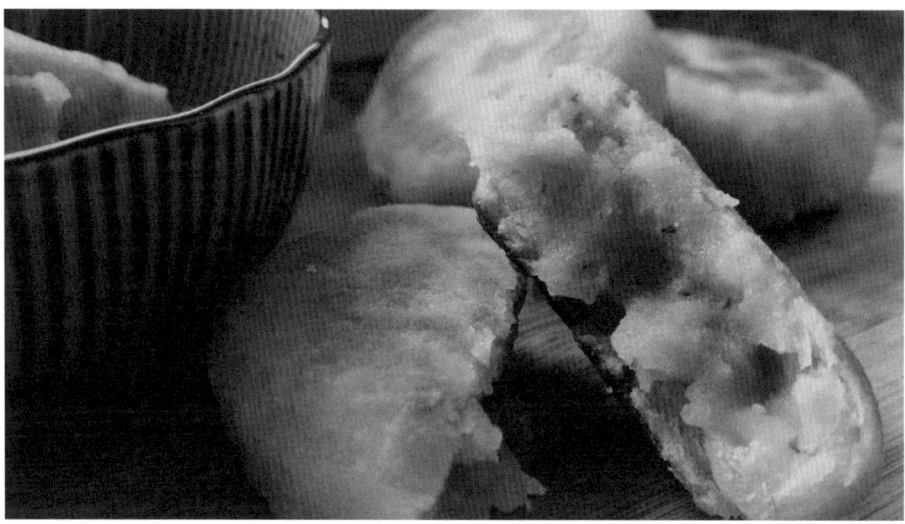

Anko aus gekochten und gezuckerten Adzuki-Bohnen (hier ersetzt durch Linsen) gehört zu den Hauptzutaten japanischer Süßspeisen. Aus Mochi* und Anko allein werden zahllose traditionelle Desserts und Süßigkeiten gefertigt.

*Reisteigküchlein

Zubereitung (für eine Portion)

① 200g rote Linsen kurz mit Wasser spülen.

② Die Linsen in 600ml Wasser geben und kurz zum Sieden bringen. Anschließend bei schwacher Hitze 20 Minuten köcheln lassen und den aufkommenden Schaum abschöpfen.

③ Köcheln lassen, bis ein Großteil des Wassers eingekocht ist und die ersten Linsen teilweise freiliegen. Den Herd ausstellen, die Linsen mit 100g Zucker vermengen und gründlich zerdrücken.

④ Eine Prise Salz hinzugeben und weiter gründlich vermengen, bis eine homogene Paste entsteht.

Miso-Suppe mit Muscheln

Zubereitung (für 2 Personen)

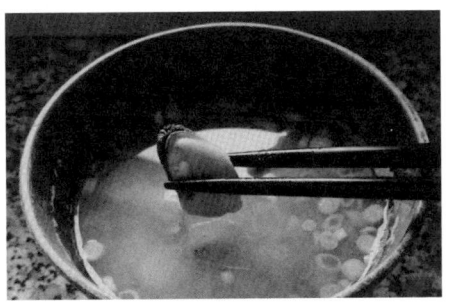

① <u>Kombu (5 x 10cm)</u> und <u>100g Muscheln</u>
<u>ohne Schale</u> in <u>500ml Wasser</u> erhitzen.

② Den Herd kurz vor dem Sieden her-
unterschalten, Kombu herausnehmen, <u>ein</u>
<u>wenig Weißwein</u> hinzugeben und wieder
kurz zum Sieden bringen.

③ Den Herd abschalten und <u>2 EL Miso-
Paste</u> in der Brühe auflösen.

Schalotten-Rakkyo

Zubereitung (für eine Portion)

① <u>50ml Wasser</u> in einem Topf kurz zum
Sieden bringen und <u>80g Zucker</u> darin
auflösen. <u>Eine Chilischote</u> sowie <u>120ml Essig</u>
hinzugeben und abkühlen lassen.

② <u>Etwa 60g Schalotten</u> schälen und die
Wurzelenden entfernen.

③ Mit einer <u>Prise Salz (etwa 1g)</u>
vermengen und über Nacht ruhen lassen.
Das Salz abspülen und etwa 15 Sekunden
in siedendem Wasser kochen.

④ Die abgekühlten Schalotten etwa 3
Wochen lang in dem Sud aus 1. einlegen.

Mein Besuch im Asia Markt

Unser Einkauf im Asia Markt ist für mich wie ein Besuch im Freizeitpark.

Waaas? Japanische Yams!?

In München

Die esse ich morgen zu den Soba-Nudeln!

Je nach Jahreszeit ist das Sortiment natürlich unterschiedlich.

Neben Gewürzen und Tief-gekühltem gibt es auch allerlei frische Lebensmittel.

Lange nach der Okonomiyaki-Episode.

Tief bewegt von einem einfachen Daifuku...

Sowas ist schwer zu Hause nach-zumachen...

Un-glaub-lich...

Sooo weich...

Vor allem aber kann ich endlich wieder „echtes" japanisches Essen genießen.

Vielen Dank an alle Asia Mörkte, dass Sie hier in Deutschland japanische Lebensmittel anbieten.

Sind das alles Süßig-keiten!?

Wie geht das denn?

Ahhh!? 150€ in nur einem Einkauf!?

Reis-Cracker

Pflaumen-Bonbon

Ups...

Vielleicht kommt es auch mal vor, dass ich mich ein wenig vergesse...

Für importierte Waren zahlt man natürlich mehr als in Japan.

Kartoffelpüree

Kartoffelknödel

In dieser Episode möchte ich ein wenig über Kartoffeln sprechen...

Wenn es um deutsches Essen geht,

...denken viele als Erstes an Kartoffeln.

Pommes

(Vielen Dank, das war's auch schon.)

Deutsche Kartoffeln sind lecker.

Egal welche Sorte man auch nimmt.

Mampf

schmatz

Bayerischer Kartoffelsalat mit Essig und Öl. Zünftig!

...sie sind alle lecker.

Pust   Pust

Festkochende Kartoffeln als Beilage. Perfekt!

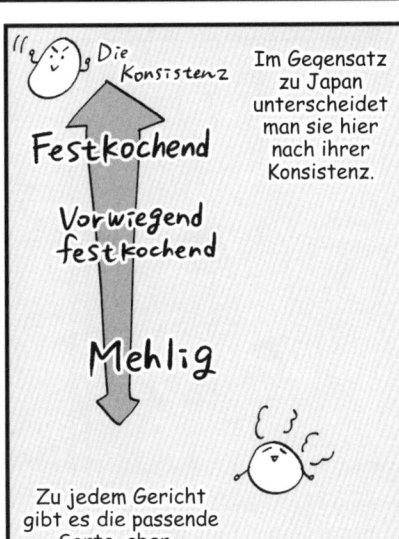

Die Konsistenz

Festkochend

Vorwiegend festkochend

Mehlig

Im Gegensatz zu Japan unterscheidet man sie hier nach ihrer Konsistenz.

Zu jedem Gericht gibt es die passende Sorte, aber...

Wir sind aus Süß-kartoffeln.

Hoshi-imo...

Wie bin ich denn bei japanischen Süßwaren gelandet?

Mmmh! Diese Konsistenz...

knätsch

knätsch

...erinnert mich irgendwie an...

Besonders die etwas klebrigen festkochenden Kartoffeln sind wunderbar.

Ähh... Sehr... rührend...? Wahrscheinlich...?

Echt...? Danke!

Hier, du magst die doch so gern!

So sehr, dass ich nach einem Streit als Zeichen der Versöhnung...

Yuki, (10)

Kindheits-erinnerung

Was für ein seltsames Bild muss er bloß von mir gehabt haben...

...die Süßkartoffeln vom Schulessen geschenkt bekommen habe!!

Getrocknete Kartoffeln? Das schmeckt?

Und ob!!

Ich hab das schon von Kindheit an geliebt!

Eigentlich Süßkartoffeln

...verwenden wir einfach normale Kartoffeln!! Schmecken eh viel besser!

Toll! Viel Spaß!

Tada!

Dieses Mal gehe ich nach Konsistenz statt nach Geschmack.

Deutsche Süßkartoffeln haben einen hohen Wasseranteil und werden beim Kochen schnell matschig.

Dafür sind sie recht faserig. Es gibt ja bestimmt auch andere Sorten.

Und deshalb...

Nein!

Die gibt's ja schließlich auch hier.

Dann trockne doch einfach ein paar Süßkartoffeln?

Hmpf!

Deutsche Süßkartoffeln sind nicht klebrig genug...!!

Wir haben zwar keinen Balkon...

Aber hier ist es ja nicht so feucht wie in Japan.

Ein offenes Fenster reicht bestimmt auch...

Dann 3 bis 4 Tage an frischer Luft und Sonne trocknen.

Nachts natürlich hereinholen.

Etwa 40 bis 60 Minuten.

Also die Kartoffeln schälen und gründlich kochen.

Danach kurz abkühlen lassen und in 1cm breite Streifen schneiden.

Am besten nach diesen Linien ausrichten.

Kartoffeln sollte man stets einzeln aufhängen oder in einem Netz trocknen.

Egal wie trocken es ist...

Oje...

Vergammelt...

Schluchz

Dabei ist die Luft hier doch so trocken...

2 Tage später

Schrumpel

Am Tag nach dem „Trocknen" im Ofen...

Ohhh!

Yay!

Die sehen fast aus wie echte Hoshiimo...

Dann fahre ich eben die schweren Geschütze auf! Eine Stunde bei 110°C im Ofen und danach einen Tag an der Luft trocknen!

Wir TROCKNEN sie!!

Ähhh... Sind das dann nicht einfach Röstkar...

Hoho! Seht her!

Außen knusprig und innen schön weich!

Wie Hoshiimo...!!

Lecker...!!

Nun zum Geschmack...

Haps!

Hmmm, könnte das nicht...

Oh!

Die schmecken ja viel besser als Chips!!

Normale Kartoffeln dagegen schmecken eher herzhaft.

Lecker und karolienarm noch dazu!

...vielleicht auch zu Miso passen?

Mit Süß-kartoffeln wird es eher eine Süßigkeit.

Diese seltsame Mischung aus Süßigkeit und Beilage...

Ä'h... wo genau...?

Beim nächsten Mal trocknen wir sie draußen! Und auch viel mehr davon!

Auf geht's!

...wird es bei uns in Zukunft wohl öfters geben.

← Aus Episode 4

Der Zitro-nen-Pfeffer passt auch richtig gut!!

Wusste ich's doch! Das passt perfekt!

Unsere japani-schen Party-Dips.

Miso mit Walnuss und ein paar Gewürzen

Ende Episode 13

Pilze werden beim Waschen mit Wasser schnell matschig.

Ich habe letztens zum ersten Mal eine „Pilzbürste" gesehen und mich gefragt, wer so etwas überhaupt benutzt.

Viele Pilze können vor dem Verkauf nicht gewaschen werden.

Pfifferlinge

Bald ist wieder Pilzsaison.

Langsam überlege ich, mir nicht doch eine zuzulegen!

Schrubb

Schrubb

Pfifferlinge

Schnief

Am meisten freue ich mich aber auf die Pfifferlinge.

Pasta mit Pfifferlingen in Sahne-Sauce.

Köstlich!!

Austern-pilze

Steinpilze

Hier in Deutschland gibt es viele Sorten, die man in Japan kaum findet.

Kröuter-Seitlinge und Champignons kennt man in Japan auch.

Moment...

...kann ich daraus nicht auch...

Huch!

Tada!

Endlich hat er es auch nach Europa geschafft!

Außerdem gibt es mittlerweile sogar rohe Shiitake!

Meine Vorräte japanischer Trocken-Shiitake neigen sich eh gerade dem Ende zu, und für ein paar Trockenpilze bis zum Asia Markt fahren, möchte ich dann auch nicht...

Nur dafür so weit zu fahren muss ja nicht sein...

Aus dem Supermarkt um die Ecke

Dann könnte ich stets welche für Suppen bunkern.

...getrocknete Shiitake machen?

War ich nicht letztens schon am Kartoffeln Trocknen...?

Ich rede hier von gekauften Pilzen!

Was meinen Sie mit „verschiedenen Pilzen"? Sie können doch nicht einfach irgendwelche am Straßenrand pflücken und essen!

Was für ein Bild er von mir haben muss...

Und wo ich schon dabei bin, würde ich dann noch verschiedene andere Pilze trocknen...

Also erzähle ich das sofort meinem Agenten...

An Pfifferlingen ist oft noch viel Erde, deshalb waren sie für mich zu aufwendig...

Getrocknet schmeckt schließlich fast alles gut!!

Los geht's!

Du bist ja echt faul...

Also probiere ich es erst einmal mit Shiitake, Austernpilzen und Kräuter-Seitlingen.

* Es gab zwar auch getrocknete Pfifferlinge, aber leider nur mit sehr schwachem Aroma.

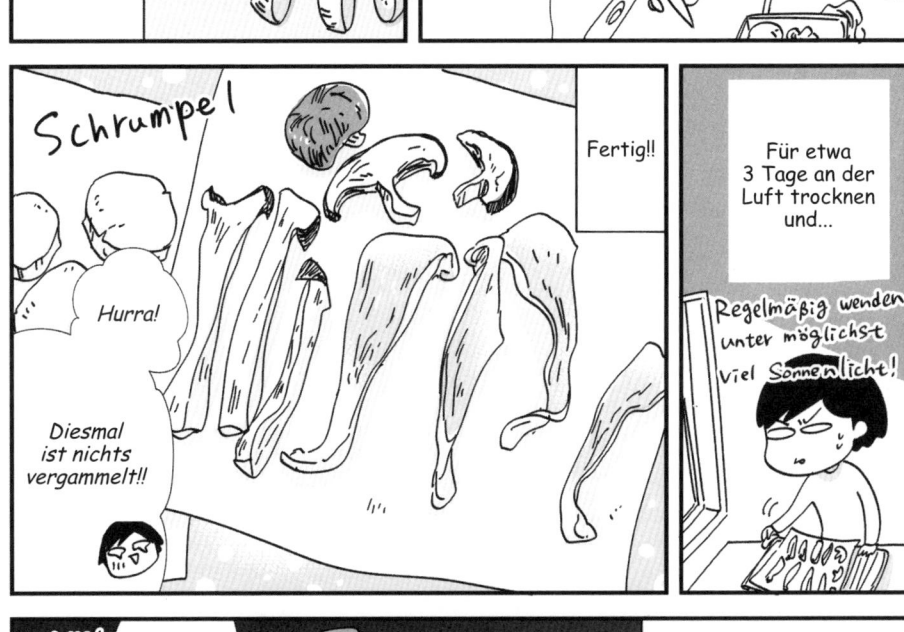

...und passen deshalb mit Eiern, Lauchzwiebeln, Sojasauce und Salz bestens zu Reissuppe.

Die Kräuter-Seitlinge ergeben eine etwas süßere Brühe,

Dampf!

Es schmeckt sogar noch besser als sonst, weil die typische Bitterkeit fehlt!

!!

Richtig aromatisch und lecker!!

Die eingeweichten Shiitake einfach mit Brühe genießen.

Getrocknete Pilze haben nämlich den Vorteil,

Super Konsistenz.

...dass sie beim Erhitzen nicht so schnell matschig werden.

Matschig

...in die Brühe übergegangen.

Aus den Pilzen ist so viel Geschmack...

Einfach köstlich!!

Sie sind so angenehm aromatisch und bissfest!

knusper

knusper

Warum stehen überall Körbe an den Fenstern...?

Hier gibt es bestimmt noch viel mehr zu entdecken...

Ich sollte noch mehr trocknen und für schlechte Zeiten zurücklegen.

Hallo!

Pilze wohin das Auge reicht

Probiert es doch auch einmal!

Brutzel

Die Austernpilze kurz in etwas heißem Wasser einweichen.

Mit Knoblauch, Olivenöl und Sojasauce anbraten und anschließend kurz dünsten...

So viel Aroma! Eine perfekte Beilage.

Juhuu!

Ende Episode 14

74

Mögt ihr auch gebackene Kartoffeln?

Lagerfeuer

Im Herbst essen wir in Japan immer Süßkartoffeln.

"Pommes"

Ketchup ist OK.

Ich persönlich mag aber eher Mayo...

Knusper knusper

Mampf mampf

Sogar einfach nur frittierte Kartoffeln sind unglaublich luftig.

Dampf!

Ich werde gerne schnell matschig...

aber in Streifen gebacken bin ich total lecker!

Wie zuvor schon erwähnt, sind normale Kartoffeln in Deutschland viel luftiger und mehliger als Süßkartoffeln.

Ich will Imo-Kintsuba* essen...

Süßkartoffeln und Süßigkeiten gehören in meinem Kopf in die gleiche Kategorie...

Knurrrrr...

Aber...

...irgendwie vermisse ich meine japanischen Süßkartoffeln doch...

Hach...

Süßkartoffeln... süße Kartoffeln... gezuckerte Kartoffeln...

75

*Süßigkeit aus Süßkartoffelpaste

Der hohe Wassergehalt lässt sie beim Stampfen...

Ich habe es doch extra länger trocknen lassen...

zu weich... Wie soll ich das bloß formen...

Oha...

...leider unweigerlich matschig werden...

Am Ende habe ich Süßkartoffelpüree daraus gemacht.

Ich probiere es mal mit Süß-kartoffel-Küchlein.

Deutsche Süß-kartoffeln haben viel Zucker, müssten also eigentlich zu Süßigkeiten passen, aber...

...um es leichter und weicher zu machen?

Oh!

Kann ich es nicht mit etwas Milch kombinieren...

Aha!

Ob es hiermit wirklich luftig und süß genug wird...

Dann nehme ich für mein Kintsuba...

...eben doch die guten gewöhnlichen Kartoffeln.

Fump!

Kartoffeln

...eine unendliche Vielfalt an Milch-produkten.

Im Gegensatz zu Japan gibt es in Deutschland...

Butter

Joghurt

Butter-milch

3.8% Vollmilch

Ziegen-milch

Saure Sahne

Möhh

Muh!

Außer hier hab ich die noch nie gesehen...

MILCH AUTOMAT

Bei uns, mitten auf dem bayerischen Land, gibt es auf den Bauernhöfen sogar Milchautomaten.

Es sollte eine relativ feste Paste werden.

Bei schwacher Flamme langsam umrühren und einkochen.

Mmhh... Honig und Milch harmonieren wunderbar!

Vorher schälen.

Also stampfe ich als erstes 200g gekochte Kartoffeln.

50ml frische Milch, 2-3 EL Zucker und 2 TL Honig hinzugeben.

Butterschmalz enthält kein Wasser und weder Milcheiweiß noch Milchzucker.

Zum Braten verwenden wir hier Butterschmalz.

Milchprodukt Nummer. 2

In 8 Stücke teilen, mit einer Mischung aus 2 EL Mehl, 4 EL Wasser sowie etwas Salz und Zucker bestreichen und anbraten.

Auf einem flachen Teller geht es am einfachsten

Solange sie heiß ist, kann man sie gut formen.

Paste aus dem Topf nehmen und zu einem 1,5cm dicken Block formen.

Wenn sie aber erst einmal abgekühlt ist, lässt sie sich hervorragend zerteilen. Also keine Sorge!!

...fertig ist das Kartoffel-Milch-Kintsuba!!

Ohhh!

Es duftet herrlich nach Butter und Milch!!

Dampf!

Die Pfanne gründlich mit Butterschmalz benetzen. Das Kintsuba von allen Seiten bei schwacher Hitze anbraten und...

Brutzel

Vorsicht! Damit die Panade nicht abgeht.

Sooo...

...köst-lich!!

Wo Milch und Honig fließen, sollte man immer ein paar Kartoffeln griffbereit haben!

Ohhh!

Haps!

Vor dem Probieren kurz abkühlen lassen...

Wagashi auf Kartoffel-basis.

Probiert es doch auch einmal!

Ich freu mich schon drauf!

Mein Mann war gerade auf Dienstreise.

Das war wirklich eine Gaumenfreude!

uff.

Ist leider schon alle.

Deutsche Kartoffeln... eignen sich wirklich gut für Wagashi...

So wohltuend...

Mampf

Mampf

Der leichte Salzanteil der Panade passt hervorragend zur Kartoffel, es schmeckt fast wie echtes Wagashi.

Ende Episode 15

78

Im Restaurant nehme ich keine Rücksicht auf Kalorien.

Erstmal ein Schnitzel und Weißbier.

Ahh!

Schon wieder...?

Im Zweifelsfall bestelle ich im Restaurant immer ein Schnitzel.

Ich persönlich mag Wiener Art am liebsten.

Hat als Kind 7 Jahre in Wien gelebt.

Schnitzel geht wirklich immer...

Schmatz

Hier in Deutschland wird es aber häufig auch aus Schweinefleisch zubereitet.

Knusper

Wiener Schnitzel

Angeblich soll es aus Norditalien über Österreich nach Deutschland gekommen sein.

Ein Wiener Schnitzel ist meistens aus dünn geschnittenem und geklopftem Kalbsfleisch.

Was?

Huch!

Wieso das?

Da muss ich sofort an Katsudon* denken.

Ich brauche keine Gründe, um Japanisch essen zu wollen.

Mit verschiedenen Saucen und Fleischsorten lässt sich wirklich viel variieren...

Oh...

Mampf

Mampf...

*knusprige Schnitzelstreifen auf Reis mit herzhaft-süßer Sauce

...aber ein Schnitzel isst man möglichst dünn und knusprig.

Für Katsudon brauche ich ein dickeres Stück, das ich in Sauce zart garen kann...

Hmmm...

Grummel

grummel

Hmmm, das sollte schon gehen...

Nimm doch einfach Schnitzel-fleisch?

夫

Cordon Bleu

?

夫

Warum nicht ganz anders?

Müsste es mit Cordon Bleu nicht noch viel saftiger werden?

Oh!

Probiere ich es einfach mit normalem Fleisch...?

...Moment!

Bitte was?

Entschuldigung! Wie kann ich zu Hause Cordon Bleu zubereiten?

Das muss einfach zum Reis passen!!

Ähh...

夫

Einfach ungeniert fragen. Was kann schon schief gehen.

Sie hat es mir sehr freundlich erklärt.

Cordon Bleu wird ähnlich wie ein Schnitzel zubereitet,

...enthält im Inneren aber noch eine Schicht Käse (und Schin-ken), die es würziger macht.

Emmentaler passt besonders gut.

Man kann es auch mit Zahnstochern verschließen.

Mit Schinken und Käse belegen.

Den Käse in Schinken einwickeln

Nicht ganz durchschneiden.

Zuerst das Schweinefleisch seitlich aufschneiden.

Mit etwas Salz und Pfeffer würzen.

Im Frittieren ist mein Mann ein Profi.

Zischhhh!

Dieser Duft...

Wollen wir das nicht einfach so essen?

In Mehl, Ei und Paniermehl wälzen und frittieren.

Auf 160ml Wasser kommen 2 EL Weißwein, je 1EL Honig und Sojasauce, 1TL Dashi-pulver.

In Dashi, Weißwein, Honig und Sojasauce zuerst Zwiebeln garen und dann das Fleisch hinzufügen.

Mit gequirltem Ei bei geschlossenem Deckel überbacken und...

köchel

Köchel

Juhuu! So lecker!

(Wir hatten einfach nur Hunger.)

Das Fleisch vor dem Schneiden etwas abkühlen lassen.

Oh nein!

Als Nächstes schneiden...

Ahh! Der Käse läuft aus!

Wir haben keine Wahl, wir müssen das jetzt essen!!

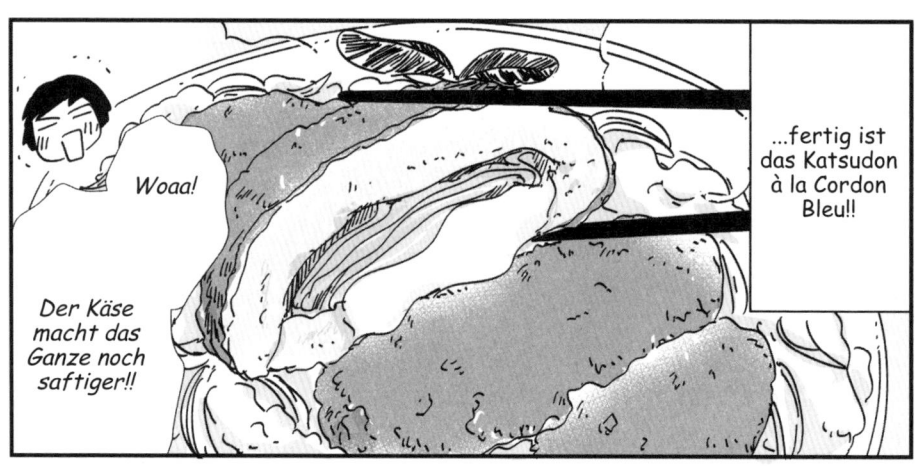

Woaa!

Der Käse macht das Ganze noch saftiger!!

...fertig ist das Katsudon à la Cordon Bleu!!

Wirklich!

Das Dashi ist richtig schön ins Fleisch eingezogen!

Es passt!!

Mmmh!!

Daran bestand nie ein Zweifel!!

Na los, probieren wir es!!

Ahh!

Ob das Käsefleisch wohl zum Reis passt...

Guten Appeti...

Oha.

Und der würzige Käse passt auch richtig gut!!

Japanisches Essen mit exotischem Schnitzel...

...kann ich wirklich nur empfehlen!

Es gibt wirklich unendlich viele Möglichkeiten!!

So knusprig!

Putenschnitzel passt übrigens wunderbar zu japanischem Curry!

Oder auch einfach mit Hähnchenbrust.

Naja...

Ich bin echt überrascht!

Auf die Katsudon-Idee kommt wahrscheinlich so schnell keiner.

Ich hab in meinem Nebenjob früher die verschiedensten Schnitzel gebacken, aber...

...auf so ein Rezept wäre ich nie gekommen!

Ende Episode 16

Hoshiimo

Hoshiimo, „getrocknete Kartof-feln", ist eine traditionelle japanische Süßspeise, die fast immer aus Süßkartoffeln zuberei-tet wird. Weil ich so begeistert von deutschen Kartoffeln war, habe ich es einmal mit normalen Kartoffeln probiert.

Zubereitung (für 2 Personen)

① 4 Kartoffeln schälen und 40 bis 60 Minuten lang garen.

② Die Kartoffeln abkühlen lassen und in 1cm breite Streifen schneiden.

③ Den Ofen auf 110°C vorheizen und die Kartoffelstreifen für 60 Minuten dörren. Über Nacht bei Raumtemperatur auskühlen lassen.

Das ist z.B. perfekt als Snack für Kinder geeingnet.

Ohne Zuckerzusatz, ganz natürlich und schön bissfest.

Getrocknete Pilze

Getrocknete Shiitake-Pilze werden in Japan für die verschiedensten Gerichte verwendet, zum Beispiel in Suppen oder Sushi-Reis. Auch das Einweichwasser wird gerne als Dashi genutzt. Sie zeichnen sich besonders durch ein intensives Aroma und einen kräftigen Geschmack aus.

Zubereitung (Menge nach Belieben)

① Pilze eurer Wahl in etwa 5mm breite Streifen schneiden.

② Unter guter Durchlüftung 3 Tage lang in der Sonne dörren. Regelmäßig wenden.

*Besonders empfohlen werden Shiitake, Austernpilze oder braune Kräuter-Seitlinge.
*Die getrockneten Pilze vor dem Verzehr eine Nacht in Wasser einweichen. Sie passen als gesunde Ergänzung bestens zu Pasta, Salat und vielem mehr.

• Ganz einfach Miso-Suppe machen (mit getrockneten Pilzen) •

① Getrocknete Pilze eine Nacht im Wasser einlegen.

② Mit Gemüse oder Tofu erhitzen.

③ Miso darin auflösen und fertig!

84

Kartoffel-Milch-Kintsuba

Kintsuba ist eine traditionelle japanische Süßspeise aus viereckig geformtem Anko, überzogen und gebraten mit einer dünnen Schicht Weizenmehl. Die Form ist an das Stichblatt eines Katanas (Samurai-Schwert) angelehnt. Statt Anko wird häufig auch Süßkartoffelpaste verwendet.

Zubereitung (für 8 Stück)

① Etwa 200g geschälte Kartoffeln kochen, abgießen und zu Püree zerdrücken.

② 50ml Milch, 2 bis 3 EL Zucker sowie 2 TL Honig vermengen, erhitzen und zu den Kartoffeln geben.

③ Heiße Milch und Püree vermengen bis es eine gute Konsistenz hat und danach zu einer 1,5 cm dicken Schicht ausbreiten und abkühlen lassen.

④ In 8 Teile schneiden und mit einer Mischung aus 4 EL Wasser, 2 EL Weizenmehl sowie einer Prise Zucker und Salz bestreichen.

⑤ Eine Pfanne mit etwas Butterschmalz benetzen und bei schwacher Hitze von beiden Seiten anbraten.

Cordon Bleu Katsudon

Katsudon ist ein Fleischgericht, bei dem ein japanisch zubereitetes Schweineschnitzel auf einer großen Schale Reis serviert wird. Das Schnitzel ist dabei nicht nur frittiert, sondern wird anschließend noch gemeinsam mit Zwiebeln und Ei in einer süß-scharfen Sauce eingekocht.

Zubereitung (für 2 Personen)

① 160ml Wasser, 2 EL Sake, 1 EL Honig, 1 EL Sojasauce und 1 TL Dashi in einem Topf erwärmen. Einige Zwiebeln in 5mm große Stücke schneiden und in der Sauce weichkochen.

② In Streifen geschnittenes Cordon Bleu zu den weichen Zwiebeln geben und zwei verquirlte Eier gleichmäßig darübergießen.

③ Sobald das Ei ausreichend gegart ist, alles auf einer Schale Reis servieren.

Größenvergleich
(Bier v.s. mein Kopf)

Pflaumen-Sake

Ich plane einfach nicht genug voraus.

Nur 16 Tage geöffnet?
Ist das nicht etwas wenig!?
(Es ist mehr als genug.)

...weil ich immer so beschäftigt bin. Und dabei lebe ich sogar in Bayern.

Ich schaffe es nie zum Oktober-fest...

OKTOBERFE

Unser Nachbar, als wir noch in Hamburg gewohnt haben.

So viele? Ähh...

La la la...

Welchen heute?

Auch an Branntweinen und Likören mangelt es hier nicht.

Deutschland ist vor allem für gutes Bier bekannt, hier wird aber auch guter Wein hergestellt.

Silvaner

Riesling Rheingau

Besonders Weißwein

...aber ein Gläschen in Ehren kann man manchmal nicht verwehren.

Auch wenn wir fast nie zu Hause welchen trinken...

Hicks!

Auch wenn ich jedes Mal zu viel trinke.

Dieses fruchtige Aroma ist super!!

Zitter Zitter

Besonders Schnaps enthält sehr viel Alkohol.

Etwa 40%.

*im Japanischen bezeichnet „Sake" verschiedene alkoholische Getränke.

Zisch!

Gemeint ist hier der traditionelle Ume-Pflaumen-wein.

Ich habe schon lange keinen Sake* mehr getrunken.

Ahhh... Da fällt mir ein...

Wo wir schon bei fruchtigem Alkohol sind...

Pflaume   Aprikose   Ume

?

Und selbst wenn ich sie ersetzen will.

Ist es wirklich eine Pflaume? Oder doch eher eine Aprikose?

Anscheinend gehören sie alle zur Familie der Rosengewächse.

Im Asia Markt ist das immer so teuer.

Alkohol zum Einlegen der Pflaumen finde ich hier ja genug...

...aber wo bekomme ich Ume-Pflaumen her...

Am Suchen

Hmmm? Wieso das denn?

Das... muss ein Zeichen sein!

Unglaub-lich...!

Und das sind auch noch Pfla...ume"n!!

Und so haben wir uns für Pflaumen entschie-den.

Es war zufällig gerade Pflaumen-Saison.

Yay.

Bamm!

Hey Yuki!

In Deutsch-land über-setzt man „Ume" mit Pflaume... Hmmm...

夫

Einer meiner Kollegen hat mir ein paar Pflaumen aus seinem Garten geschenkt.

Hmmmm...

Wie wäre es denn zum Beispiel mit Korn?

Im Grunde geht es nur um einen möglichst neutralen Alkohol, oder?

Aus der gleichnamigen Zutat

Doppelkorn

Hier!

Mindestens 38%

Kennst du den nicht?

Wie? Zum Einlegen von Obst und so...

Wie sich herausstellen sollte, ist Weißlikör ein japanisches Kunstwort.

Ein Branntwein mit etwa 36% Alkoholgehalt

Als Erstes brauchen wir Weißlikör.

Ohhh! Du möchtest eigenen Ume-Wein machen?

Deswegen also...

Weiß... was?

Wenn wir ein paar Löcher hineinstechen geht es bestimmt schneller. Du möchtest das ja möglichst schnell in deinen Manga zeichnen, oder?

Als Erstes die Pflaumen gründlich waschen und abtrocknen.

...Allerdings.

Er weiß sofort, worum es geht...

Pieks

Pieks

Also probieren wir es erst einmal mit Korn und Weinbrand.

Weinbrand

Doppelkorn

Wahrscheinlich!!

Solange genug Alkohol drin ist, klappt das mit dem Einlegen schon.

Die Zitrone soll ihn etwas erfrischender machen.

Einen Monat später...

Wir haben keinen Kandiszucker gefunden, also nehmen wir einfach normalen.

200g Pflaumen
50g Zucker
Zitronensaft einer halben Frucht
350ml Alkohol

Im Grunde ist es ja eher Pflaumenschnaps als -wein...

Ups, Ganz schön stark!!

Bzzz

Warum auch gleich pur trinken...!

Ohh!

Er hat richtig Farbe bekommen...

...ist der Pflaumenwein fertig!!

Zum Glück bekommt man in Deutschland überall 100%-ige Fruchtsäfte.

Apfel saft

Naturtrüb
100% Direktsaft

Er ist ein wenig würziger als echter Ume-Wein. Aber er schmeckt richtig gut!!

Und die Zitrone macht ihn sehr erfrischend.

Aber er schmeckt wirklich ein bisschen wie Ume-Wein.

Der Korn schmeckt klarer, der Branntwein dafür blumiger.

Ohh!

In Deutschland gibt es so viele verschiedene Obstsorten.

Wie wäre es mit einem hausgemachten Rumtopf?

Mit Ume hat das aber nichts mehr zu tun.

So fruchtig!!

S...

Mit Apfelsaft gemischt schmeckt unser Pflaumenschnaps sogar noch besser!!

Ende Episode 17

90

Weich...
luftig...
weiß...

Ich mag
geriebenen
Fisch.

Die Haut
nicht
mitessen.
↓

Was hat Fisch denn
mit Weißwurst zu tun??

Jedes Mal, wenn
ich Weißwurst
esse, muss ich
komischerweise
an geriebenes
Fischfleisch
denken.

Und zwar
„Surimi*".

Es täuscht
nicht mal
vor, unver-
arbeitet zu
sein.

SURIMI
Sticks

Auch in Deutschland gibt es
geriebenes Fischfleisch als
Sticks oder in Form von Shrimps.

Sieht fast aus wie
Krebsfleisch.
↑

Das schmeckt aber gar nicht nach Schrimps.

*Krebsfleisch- oder Shrimpsimitat

Uff...

Das Origi-
nal hat dann
doch einen
gewissen
Reiz...

Ich
würde
gerne
mal
wieder
Kama-
boko*
essen...

Ah...

Schon
wieder
am
Naschen
↓

Diese
Surimi-
Sticks
finden vor
allem in
Sushi-
Rollen
Verwen-
dung...

*eine spezielle Art von Surimi

Forelle

Scholle

Weißer Fisch ist angeblich am besten, aber...

Hmmm...

...wenn es einen Fisch gibt, den ich besonders mag, dann...

Erst im Mixer grob zerkleinern und dann im Mörser mit Salz und Gewürzen zerreiben.

Oh! Sieht so aus, als ließe sich das auch zu Hause herstellen.

Alles was ich brauche, ist ein Mixer.

Internet-Suche

Oho!

Lachs ist so toll! Ich bin sicher, damit klappt es bestimmt auch.

Ich bin zwar rot, aber das macht ja nichts!

Aha!

Lachs!

Das Wasser 2-3 mal wechseln.

Als Erstes Haut und Gräten entfernen und in kleine Stücke schneiden (Etwa 300g).

In Eiswasser waschen, um eventuelle Gerüche loszuwerden.

Sooo kalt!

Dich... oder dich... oder doch den da...

Starr...

Oha...

Für gutes Kamaboko ist die Qualität des Fisches ausschlaggebend.

Also versuche ich, möglichst frischen Fisch zu bekommen.

Verstehe! Das ist... effizi-ent...

Es ist Faul-heit.

Wenn ich es vorher nicht leicht anfriere, wird es durch die Reibungs-wärme bestimmt warm und weich.

Ich möchte die meiste Arbeit mit dem Mixer erledigen.

Huhuhu...

Schon,

...aber mit diesem Mörser dauert das bestimmt ewig.

Ist es gefroren nicht schwieriger zu zer-kleinern?

Abtrocknen und für eine Stunde in die Ge-friertruhe legen.

Man kann Surimi selbst her-stellen...?

Glatte Oberfläche

Da es zu fest für den Mixer war,

...haben wir nach etwa 3 Minuten abgebro-chen.

Wrrrr... Bzz!

Schon wieder?

Oh, es ist zu fest geworden!!

Wrrrrr... Grzz.

Oh? Er hat angehal-ten?

Das Eiweiß macht es luftiger.

Weitere 5 Minu-ten im Mixer und...

Etwa 2% Masseanteil Salz (hier 6g) und Eiweiß von einem Ei hinzugeben.

Es wird fast wie Gummi.

Zzz...

Das ganze für 30 bis 60 Minuten im Kühl-schrank härten lassen.

Uhuu! Das macht Spaß!

Warten, bis es sich verarbeiten lässt, und auf einem Stück Back-papier zurecht formen.

Knätsch knätsch

Freut mich...

93

Ohhh!!

So schön rosa-farbenes Kamaboko habe ich noch nie gesehen!!

Tada!

Bei schwacher Hitze 20 Minuten dämpfen.

Dann Erneut in Eiswasser kühlen und...

Schmeckt auch bestens mit Zitronen-Pfeffer oder Senf.

Köstlich!!

Macht sich bestimmt gut in einer Suppe.

...und der Lachsgeschmack ist köstlich!!

Ohh!

Mmmh!

Schön kühl und bissfest...

Eine perfekte Beilage!

Es hat übrigens hervorragend gepasst.

Kann ich euch nur empfehlen.

Wir hatten doch erst Abendessen!

Hey! Was machst du mitten in der Nacht!?

Mein Körper bewegt sich von allein...

Ups.

Sake

Ohhh!! Das passt bestimmt bestens zu einem guten Tropfen!

* Nach dem Abendessen.

Es ist sogar noch besser als erwartet. Das erzähl ich direkt meinem Agenten.

Es ist richtig gut geworden"...

Tipp tipp

Ende Episode 18

94

Ich bin mal wieder nicht auf den Winter vorbereitet.

Die Welt ist ein kalter Ort...

Typisch Stubenhocker...

Weil ich fast den ganzen Tag nur zu Hause meine Manga zeichne, ziehe ich mich beim Rausgehen immer falsch an...

Schau mal!

Das... ist eine...

Ta da!

...gibt es die in Süddeutschland sehr beliebten Dampfnudeln!!

Nudel...?

Mein Körper sucht verzweifelt nach Kalorien (Fettreserven) für den Winter...

Normalerweise mag ich ja eher Scharfes, aber an Tagen wie diesen würde ich echt gerne etwas Warmes Süßes haben...

Kakao

Hört hört! Für solche Fälle...

Ich liiieeebe diese süßen Knödel!!

Sooo luftig!

...isst man mit warmer Vanille-Sauce und/oder Mohn.

Schmackofatz

Mmmh!

......

Tatsächlich hatte „Nudel" früher die Bedeutung „Kloß, Knödel". Diese weiche, runde Mehlspeise...

Dampf

*Gedämpfte, mit Fleisch gefüllte Hefeteigtaschen. Außerhalb der Kansai-Region heißen sie „Nikuman".

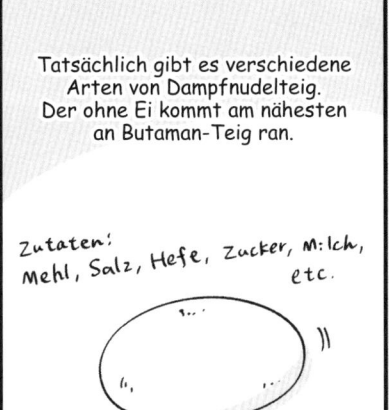

Tatsächlich gibt es verschiedene Arten von Dampfnudelteig. Der ohne Ei kommt am nähesten an Butaman-Teig ran.

Zutaten: Mehl, Salz, Hefe, Zucker, Milch, etc.

Aber das ist doch was ganz Anderes...

Egal! Ich hab schon welche gekauft!

Mini-Dampfl's

Kann ich nicht einfach Fleisch in Dampfnudelteig tun!?

Zum Glück war es nur ganz wenig.

Warum passiert immer mir so etwas...

Wir konnten es einfach auslöffeln.

gefüllt mit Pflaumenmus

Oha....

Mini

Dieses Mal nehme ich Mini-Dampfnudeln.

Ihr müsst nur aufpassen, dass ihr nicht aus Versehen welche mit Füllung nehmt...

Mini

Aus dem Asia Markt.

Für 10 bis 15 Minuten im Dampfgarer dünsten und...

Zwischen die aufgeschnittenen Dampfnudeln geben.

Die Füllung mit einer Mischung aus Schweinehack, Zwiebeln und Knoblauch ersetzen.

Das Fleisch ist saftig und der Teig schön fluffig!!

Das... das sind echte Butaman!!

Schmeckt auch toll mit Senf!

Mmmmh!

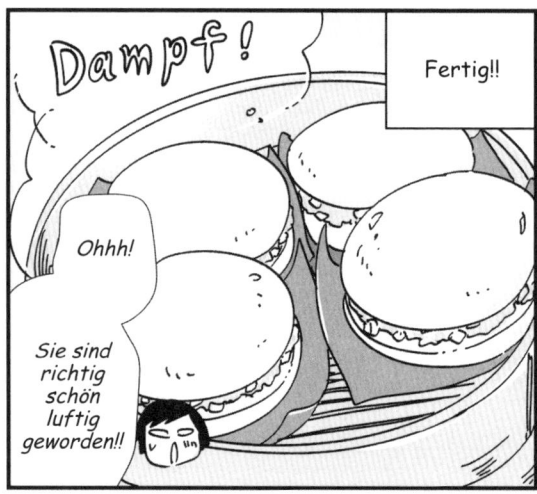

Dampf!

Fertig!!

Ohhh!

Sie sind richtig schön luftig geworden!!

Besonders der Wurstsalat.

Oh! Gar nicht schlecht!

Der Teig schmeckt ja relativ neutral und sollte zu fast allem passen.

Ich probiere es mal mit diesem Wurstsalat.

Klappt das nicht vielleicht auch mit Bratwurst?

Diese aufgeschnittene Form erinnert an etwas Anderes... chinesisches Mantou* sieht auch so ähnlich aus.

Da fällt mir auf...

Huch!

*weiches, weißliches Dampfbrot aus Mehl, Wasser und Hefe mit einer ähnlichen Konsistenz wie Dampfnudeln

Erstaunlich!

Das passt besser, als ich dachte.

Ich bleibe bei den normalen...

Ihn konnte ich nicht dafür begeistern.

Das Pflaumenmus war fast wie eine fruchtige Sauce zum Fleisch.

So wie man sie gerne zu Wild isst.

Das Bisschen ist doch völlig egal!!

Irgendwann wurde mir das Auslöffeln zu nervig, also habe ich das Mus einfach drin gelassen.

warte...!

klatsch!

Ende Episode 19

98

Kichererbsen-Sesam-Tofu

...dass wir uns fast nur von Sojabohnen ernähren.

Schwieger-mutter

Wenn ich in Deutschland japanisches Essen erkläre, bekomme ich manchmal das Gefühl,

und Nattō aus fermentierten Sojabohnen... Hmmm...

genauso wie Tofu,

Miso auch,

Sojasauce besteht natürlich aus Sojabohnen,

Hallo, zusammen!

Schwieger-Vater

Aha...?

So bekomme ich viele Proteine aus einem einfachen Salat.

Schmatz!

Knusper!

Auch als Falafel schmecken sie super!

In letzter Zeit nehme ich vor allem Kichererbsen.

Zum Beispiel als Salat mit Tomaten und Gurken

Sojabohnen gibt es im Asia Markt oder Bioladen, aber dorthin ist es so weit...

Sojabohnen

Leider bekommen wir nirgendwo in der Umgebung Sojabohnen,

...weshalb ich stattdessen verschiedene andere Bohnen verwende.

*Serviervorschlag.

Waaas!?

Ich...

...ich kann Tofu aus Kichererbsen machen?

Eines Tages während meiner Recherche...

Was gibt es noch so für Kichererbsen-Rezepte...

Mhh...?

Das klingt doch ganz einfach!

In Wasser einweichen, im Mixer zerkleinern und kochen...

Deshalb werden sie angeblich auch ganz ohne Verdickungsmittel fest.

Unterwegs auf verschiedenen Blogs.

Etwa 60% Kohlenhydrate (Meistens als Stärke)

Kichererbsen enthalten viele Stärke.

Sie werden beim Kochen und Zerdrücken fest.

* Sojabohnen haben etwa 30%.

Sesam-Tofu?

Das ist... wie....

Und der Geschmack...

Mit Sojasauce

Haps!

Sieht... interessant aus.

Also habe ich das mal probiert! Möchtest du?

Schwabbel...

Erst mal nicht.

Ihn konnte ich wieder nicht dafür begeistern.

So komme ich vom Hundertsten ins Tausendste.

Müsste es mit gemahlenen Sesamsamen nicht wie echter Sesam-Tofu schmecken!?

Nicht ganz wie Tofu aus Sojabohnen.

Er schmeckt eindeutig nach Kichererbsen...

...erinnert mich an Sesam-Tofu... Moment!

...aber diese einzigartige Konsistenz...

Die hierbei zurückbleibenden Hüllen können in anderen Gerichten verwendet werden.

Reib reib

Anschließend durch ein Sieb reiben...

Einen Becher Kichererbsen über Nacht in Wasser ziehen lassen,

Ein Becher entspricht etwa 200ml.

Also nochmal von vorne...

und mit 450ml Wasser im Mixer zerkleinern.

Surrr...

Sesamöl gibt's in den meisten Supermärkten.

Sesam Öl geröstet

Knirsch! knirsch!

So etwas haben wir leider nicht im Haus.

Also zerreibe ich 3 EL weißen Sesam mit 1 TL Sesamöl gründlich im Mörser...

Hiiihihi... feiner, feiner...

Oha!

Für den Sesamgeschmack könnte man zum Beispiel Tahini* nehmen.

TAHINI

*Paste aus feingemahlenen Sesamsamen, die aus der orientalischen Küche stammt.

Z.B. in ein paar kleinen Backformen.

...in einen Behälter umfüllen und einen halben Tag kühl stellen. Und...

Von unten nach oben rühren.

Die Sesampaste zum Kichererbsenteig geben und bei schwacher Hitze erwärmen.

Sobald es schön cremig wird,

Etwas Wasabi und Sojasauce... Hihihi... ob das wohl zu den Kichererbsen passt...?

Aufgeregt...

Haps!

Ohh!

Fertig!!

Sesam, wandle dich!

Glitzer!!

Es...

Cremig weich!

...ist angenehm locker und intensiv zugleich!!

Die dezent süßen Kichererbsen passen hervorragend zum würzigen Sesam.

Taumel

...So lecker!!

Der Geschmack hat mich vom Hocker gehauen.

Leckeres, mildes Miso!!

Probiert es mit Kichererbsen, wenn ihr neugierig auf etwas anderen Tofu seid!!

Übrigens, die im Sieb zurückgebliebenen Kichererbsenschalen...

...kann man hervorragend zu Miso verarbeiten.

Hmmm...

So scharf bin ich jetzt nicht darauf...

Seltsames, weiches „Etwas"

Möchtest du?

Nein danke.

夫

Tofu mag ich schon, aber...

Immer noch nicht.

Ende Episode 20

Pflaumen-Sake

Wein und Schnaps aus Ume-Pflaumen ist in Japan sehr weit verbreitet. Das süße Aroma eignet sich auch hervorragend zum Mischen mit Wasser und Säften. Wegen der großen Beliebtheit sind diese Weine und Schnäpse nicht nur in Bars sondern auch in vielen Privathaushalten zu finden.

Zubereitung (für eine Flasche)

① 200g Pflaumen mit Wasser waschen und abtrocknen. Mit einem Zahnstocher einpieksen.

② Die Pflaumen, 50g Zucker, Zitronensaft einer halben Zitrone und 350ml einer Spirituose eurer Wahl in eine Flasche geben. Mindestens einen Monat lang ziehen lassen.

In der Ume-Saison hat meine Oma immer auf der Veranda Ume-Pflaumen getrocknet, um „Umeboshi" (gesalzene Ume-Pflaumen) zu machen.

Es riecht gut!

Umeboshi

sauer & lecker!

Lachs-Kamaboko

Kamaboko ist eine feste Fisch-paste und wird für gewöhnlich aus weißem Fisch zubereitet. Es ist besonders beliebt als Snack zu Alkohol und bei festlichen Anlässen.

Das Wichtigste für eine gute Konsistenz ist, dass man möglichst frischen Fisch benutzt.

Ich vermisse den Fischmarkt in Hamburg...

Zubereitung (für 3 Stangen à 10 cm)

① 300g Lachs (ohne Haut und Gräten) in mundgerechte Stücke schneiden und in Eiswasser spülen. Das Wasser 2 - 3 Mal wechseln.

② Den Lachs abtrocknen und für etwa eine Stunde ins Gefrierfach legen.

③ Mit 6g Salz und Eiweiß von einem Ei für 3 Minuten im Mixer fein zerkleinern.

④ Die Paste auf etwas Backpapier zurechtformen und für 30 bis 60 Minuten im Kühlschrank ruhen lassen.

⑤ Etwa 20 Minuten bei schwacher Hitze dünsten und mit Eiswasser abschrecken.

Butaman

Butaman sind weiche, gedämpfte Teigtaschen mit einer Schweine-fleischfüllung. Sie sind vor allem tiefgekühlt im Supermarkt oder direkt verzehrfertig im Kombini (=Convenience Store) erhältlich. Neben dem mit Fleisch gefüllten Butaman gibt es noch viele weitere Sorten, etwa mit Anko oder Pizza-Belag.

Zubereitung (für 8 kleine Dampfnudeln)

① Eine Zwiebel und eine Knoblauchzehe fein würfeln. Mit 1 TL geriebenem Ingwer, 100 bis 150 g gehacktem Schweinefleisch, 1 EL Sojasauce, 1 TL Sesamöl sowie einer Prise Salz und Pfeffer in einer Schüssel gründlich vermengen.

② Das Fleisch zwischen die aufgeschnittenen Dampfnudeln streichen und 10 bis 15 Minuten dämpfen.

Als wir im Internet auf der Suche nach einem Rezept für den Wurstsalat für diese Episode waren, ist uns aufgefallen, wie unglaublich ernst viele Leute zu diesem Thema diskutieren und behaupten, dass ihr Wurstsalatrezept das einzig richtige ist.

Aber... ich mag alle Varianten...

Mein Rezept ist das „Original".

Das ist kein richtiger Wurstsalat!

Kichererbsen-Sesam-Tofu

Sesam-Tofu wird durch das Aushärten von geriebenem Sesam, Dashi und Stärke hergestellt. Aufgrund seines edlen, süßen Aromas wird er gerne auch zu Zeremonien oder festlichen Anlässen serviert.

Zubereitung (für eine Portion)

① 150g Kichererbsen über Nacht in Wasser einweichen.

② Die Kichererbsen mit 450ml Wasser im Mixer zu einer Paste verarbeiten und anschließend durch ein Sieb streichen und in einen Topf geben.

③ 2 EL Tahini hinzufügen und unter stetigem Rühren bei schwacher Hitze vorsichtig erwärmen.

④ Vom Herd nehmen, sobald sich eine Konsistenz wie bei Pudding eingestellt hat. In einer geeigneten Form einen halben Tag im Kühlschrank fest werden lassen.

Ich esse auch mit.

Warte auf mich...

Ich verstoße gerade gegen alle Regeln der kultivierten Ernährung...

Salami kann man zwar auf Brot genießen,

Sabber lechz

Hehehe

Ich lebe gefährlich.

...ich persönlich esse sie aber lieber einfach so zu einem Glas Wein.

Ich muss doch auf meine Kalorien... Ohhh...

Ahhh... Ich darf ja eigentlich nicht so viel Salz... Mmmh...

Besonders die luftgetrocknete ist super.

Zum Glück schaut keiner zu.

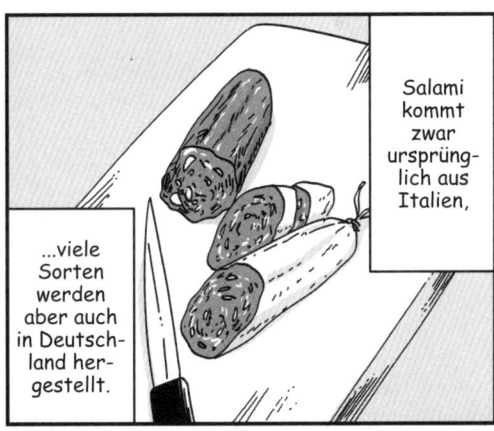

...viele Sorten werden aber auch in Deutschland hergestellt.

Salami kommt zwar ursprünglich aus Italien,

Muschel-Streifchen

Jakobs-Muscheln

Lachs-Streifen

...getrocknete Meeresfrüchte...

Fisch!?

Wo ich so an Snacks zum Wein denke...

Das würde ich auch gerne mal wieder essen...

Huch?

...mit Lachs und Miesmuscheln etwas ähnlich herstellen!?

Könnte ich nicht...

Hmmm....!?

...Moment!

oh!

Eigentlich komisch...

Ich mochte das schon ziemlich gerne, aber dass ich es so sehr vermissen würde...

...Bitte was?

Uhhg... ich würde so gerne wieder Sake-Streifen oder Jakobsmuscheln essen...

Sake? Wein?

Schluchz...

Oh...

Nicht diese rohen Muscheln mit Schale?

Roh

...gefrorene rohe Miesmuscheln (ohne Schale) und ein Lachsfilet gekauft.

Also habe ich...

Hier!

Die sind mir viel zu aufwendig...

Mal wieder.

Mies-muscheln

Jakobsmuscheln gibt es auch in Deutschland, sind aber leider sehr teuer.

Im Herbst und Winter bekomme ich zum Glück ja auch Miesmuscheln. Am besten ich probiere es erstmal hiermit.

Muh!

Ahhh!! Stimmt ja!!

Außerdem riechen die bestimmt ganz schnell nach Kühen, wenn du sie draußen aufhängst.

Wir leben umgeben von Bauernhöfen.

Ich würde sie ja in einem Netz draußen aufhängen...

Hmmm...

Gibt's im Internet

...aber dann beschweren sich bestimmt unsere Nachbarn...

Doch nicht etwa im Haus...?

Wo willst du die eigentlich trocknen?

Sicher bin ich mir zwar nicht,

...aber irgendwie wird es schon gehen.

Ohh! Clever!

Im Ofen! Mit dem Ofen lässt sich schließlich alles trocknen!!

Mit den Kartoffeln hat's ja auch geklappt!

Hmmm... Uhhh...

Ob man das einfach so aufhängen sollte...

Das vergammelt doch bestimmt wieder...

Außerdem ist das gar nicht zum rohen Verzehr gedacht...

Na gut, dann halt...

...Und vor dem Trocknen eine halbe Stunde lang in Sojasauce mit etwas Zucker und Wein einlegen.

Die Muscheln über Nacht auftauen lassen.

In Küchenpapier einwickeln und eine Nacht im Kühlschrank ruhen lassen.

Zunächst den Lachs gut mit Salz bestreuen.

Zisch!

...die Muscheln etwa 30 Minuten pro Seite trocknen lassen und...

Das austretende Fett kann man einfach wegwischen. Oder gleich auf einem Rost trocknen.

Den Lachs in 1cm dicke Streifen schneiden, beide Seiten bei 110°C je 60 bis 90 Minuten lang trocknen und...

Ups...
tatsäch-
lich!!

Uhrg!
Das ganze
Haus
stinkt
nach
Fisch!

Nicht
mal
der
Ofen...

...konnte den
Fischgeruch
aufhalten.

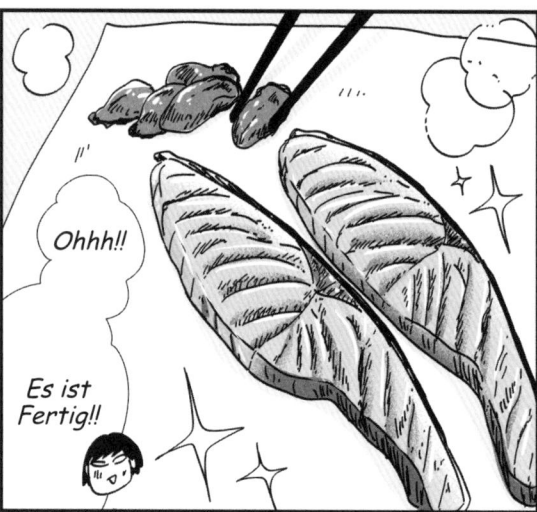

Ohhh!!

Es ist
Fertig!!

Sie sind etwas
würziger und
runder im
Geschmack...!!

Die
Muscheln
sind auch
richtig
gut.

Wie ich gehofft
hatte!

Kein großer
Freund von
Meeres-
früchten

Schmatz!

knusper!

Schön
trocken.

Seine Experten-
meinung.

Mmmh!
Dieser intensive
Geschmack...!!
Das Fett vom Lachs
schmeckt
wunderbar...!!

Mmmh !!

Nach einem
Tag im
Kühlschrank
ist aber
alles richtig
schön
bissfest.

Während beides
noch warm ist,
wirkt es noch
nicht wie ge-
trocknet.

Die Fischhaut
schmeckt aber
am besten Warm.

Super
knusprig!

Ohh!

Passt auch
hervorragend
zum Wein!

Soo lecker!

Alleine
aufgegessen

In der Not
schmeckt
der Lachs
auch ohne
Brot.

Diese Lachs-Streifen
und getrockneten
Miesmuscheln
schmecken kurz
angebraten
und mit Zitrone
und Pfeffer
sogar noch besser.

Ende Episode 21

Es gibt noch viel mehr!

Wieder am Auftauen.

Mmmh!

uff!

Besonders an kalten Wintertagen...

Ich mag warme Suppen.

...freue ich mich auf einen guten deutschen Eintopf mit viel Gemüse.

Bibber!

Mit Paprika-Pulver, pikanter Wurst und vielem mehr.

Heute habe ich etwas Wurst mit hineingegeben.

Je nach Lust und Laune probieren wir verschiedene Rezepte.

So lecker...!!

Wir haben kein fixes Rezept.

Zum Beispiel Linsen... oder Würstchen... oder Rindfleisch...

In den Eintopf passt eigentlich fast alles an Gemüse oder Fleisch.

Je nach Region gibt es aber ganz unterschiedliche Rezepte. Auch außerhalb von Deutschland.

Gewürzt wird dann mit Bouillon.

köchel

köchel

köchel köchel

Nabe*!

Tada!

oh!

Dieses Essen aus einem großen Topf...

...erinnert mich irgendwie an...

*Eintopf der japanischen Küche

Aha!

Das ist schon...

...eher ein Experiment als alles andere.

Warum nicht...

...einfach alles mit deutschen Zutaten ersetzen!?

Ich würde gerne wieder Nabe essen. Aber ich bräuchte so viele Zutaten...

Mit der Erinnerung kehrt leider auch immer der Hunger zurück.

Knurrr...

Und Dashi ist auch nicht gerade günstig.

...Oh!

„Umami" ist eine Geschmacksrichtung, die wir als „würzig" oder „herzhaft" wahrnehmen. Es wird z.B. von Glutamat verursacht, von dem Tomaten besonders viel enthalten.

Umami

Was?

Könnte ich mein Dashi nicht aus Trockentomaten gewinnen? Sind ja schließlich getrocknet!!

Ist das trockner Humor?

Oder!?

Hmmm... Dann schmeckt es bestimmt einfach nur wie deutscher Eintopf...

...Oh!

Statt Dashi... könntest du ja Hühnerbouillon nehmen?

Und wie wäre es mit Suppengrün?

Suppengrün

Vielleicht... Keine Ahnung...

...aber wo kommt deine Begeisterung für Getrocknetes her?

Ähhh...

Trockentomaten sollten da einen deutlich runderen Geschmack geben, nicht? Sind ja getrocknet! Stimmt's?

Dashi aus rohen Tomaten schmeckt etwas säuerlich.

Die rohen sind natürlich auch nicht schlecht.

Deshalb sollte es sich eigentlich auch für Dashi-Brühe eignen.

In diesem Manga geht es irgendwie ständig um Getrocknetes.

In Japan haben wir immer dünnes Schweinefleisch genommen, aber das gibt es hier ja nicht... Hühnerschenkel gehen zwar, aber das Entfernen der Knochen ist so aufwendig...

Hm...

Metzgerei

...und vielleicht noch Kartoffeln.

China-kohl... Lauch...

Also erst mal Zutaten sammeln.

Was ist mit Fleisch?

Kartoffeln

Die Soja-sauce wird den Geschmack schon richten.

Gut.

Eigentlich wollte ich auch Rettich nehmen, aber wir haben keinen gefunden also nehmen wir stattdessen einfach Kohlrabi.

Mich gibt es nur zu bestimmten Jahreszeiten.

Woher stammt diese Zuver-sicht...?

Tschüüüs...

Ähh... Bist du sicher, dass das wirklich eine „asiatische" Nabe wird...?

Hier!

...Was?

Dann mache ich einfach ein paar Fleischklöß-chen.

Mit genug Sojasauce wird das schon!!

Gemischtes Hack

Ohhh!!

Hohoho! Da staunst du, was?

...fertig ist ein würzig süßes Dashi!

All das... Glutamat!

Richtig schön herzhaft!

?

Vorher kurz waschen, weil sie oft stark gesalzen sind.

Zuerst also das Dashi zubereiten. 500g Trockentomaten in einen Liter warmes Wasser geben, über Nacht ziehen lassen, und...

113

köchel

Alles schön weichkochen,

köchel

...mit Sojasause und Salz abschmecken und...

Die mit langer Garzeit zuerst.

Kohlrabi

Kartoffeln

Fleisch

Also die Zutaten nacheinander hineingeben.

...würze ich sie am besten noch etwas nach...

Um die Brühe noch vielschichtiger und intensiver zu machen,

...mit Sojasauce.

Sojasöße

Der Geschmack aus den Tomaten ist gut ins Gemüse eingezogen!!

Der Geschmack...

Uhh-Mmhh-ami!!

Waaas?

Ich hätte nie gedacht, dass Tomaten so ein asiatisches Aroma verleihen können!!

Dampf!

Was für ein Duft!!

Wie japanische Nabe!!

Nächstes Mal kaufe ich einen Tontopf im Asia Markt!

Wenn es asiatisch schmeckt, ist es definitiv Nabe!!

NABE!!

...Wenn das Gericht nicht im Tontopf ist, erinnert es nicht an „Nabe", sondern eher an „asiatischen Eint..."

Aus aus aus!!

Absolut authentische „Nabe".

Probiert es doch auch einmal mit euren lokalen Zutaten!

Sogar die Trockentomaten kann man noch genießen.

Mampf mampf

Kartoffeln und Kohlrabi sind schön weich und süß...

Da fällt mir auf...

Ende Episode 22

114

Nametake

Ich bin immer auf der Suche nach neuen Beilagen für Reis.

Zum Frühstück lecker Schinken mit Reis.

Juhuu!

In Deutschland gibt es unterschiedlichsten Brotbelag von dem vieles auch gut zum Reis passt.

Besonders mit Lauchzwiebeln und Sesamöl...!!

Ohhh!

Mettwurst ist aber auch gar nicht schlecht.

LACHS GERÄUCHERT

Fisch wie Räucherlachs und Matjes...

...passen natürlich immer zum Reis.

Mit Sojasauce gekochte Enoki-Pilze.

Nametake

In dieser Episode wird nichts getrocknet. Versprochen!

Ich würde gerne mal wieder Nametake essen!

Fischrogen... Algen... getrockneten Fisch...

Nori

Als ich in Japan war, gab es noch so viel mehr...

...Oh!

Was für seltsame Essgewohnheiten,

...die ich als Grundschülerin doch so hatte.

Juhuu! Die liebe ich!

Hey Yuki! Schenk ich dir.

Stimmt!

Das habe ich in der Grundschule immer gerne gegessen!!

Warum erscheint mir die Erinnerung dann so klar...

Wenn ich so nachdenke, gibt es die auch in Japan nur selten...

Knurr...

...Oh!

Nametake essen!!

Einmal im Kopf, ist es schon zu spät.

Nein!

Ich will jetzt! In diesem Augenblick!

Hng!

Angeblich wächst er auch in Europa, aber anscheinend beachten ihn die Meisten gar nicht.

Enoki habe ich hier allerdings noch nie gesehen.

Dann warte ich bis zum nächsten Einkauf im Asia Markt...?

Hmmm...

Name-was?

Bestimmt...?

...Oh!

Könnte ich die knackig festen Kräuter-Seitlinge nicht einfach in schmale Streifen schneiden!?

Irgendwelche anderen Pilze aus dem Supermarkt... Champignons sind nicht kräftig genug...

Grummel...

Ein Pilz reicht für eine kleine Portion.

Die Seitlinge quer halbieren und der Länge nach in schmale Streifen schneiden.

Etwa 5mm breite Streifen

Vom Geschmack her sollte es kein Problem sein.

Na denn, auf geht's!

Auf geht's!

Außerdem habe ich im Internet gelesen,

dass man neben Enoki noch ganz andere Pilze zu Nametake verarbeiten kann.

In Japan gibt es noch andere ähnliche Gerichte,

die sich nicht immer eindeutig unterscheiden lassen...

Oha!

Werden das nicht einfach...

...nur ein paar Teriyaki-Pilze!?

...dann füge ich noch 1 El Honig und 2 EL Sojasauce hinzu und lasse sie weiter köcheln.

Hm?

...... warte mal.

Pro Pilz füge ich 6 EL Weißwein hinzu und lasse sie 2-3 Minuten lang dünsten,

Sobald die Konsistenz stimmt noch 1 TL Essig hinzugeben, damit es etwas erfrischender schmeckt und...

Köchel...

Köchel...

Essig

Aha!

Das „verbessert" die Konsistenz und hält die Pilze zusammen.

Dann gebe ich eben noch 1 EL Stärke hinein.

Verzweifelte Versuche, meine Nametake zu retten.

Ausschlaggebend für Nametake ist die unverwechselbare Konsistenz.

Glibber

Glibber

Dieses Glibberige ist, was es ausmacht...

←?

Endlich...

Ich habe mich noch nie im Leben so sehr auf ein paar Pilze gefreut...

Kurz in den Kühlschrank und dann probieren.

Haps!

Knurrr...

Fertig!!

Es...

Tada!

...sieht aus wie perfekte Nametake!!

Glibberig!

Einfach nur köstlich!!

Dieses einzigartige Aroma der Kräute-Seitlinge...

Innen sind die Pilze schön knackig.

Mampf!

Schmatz!

Mmmmh!

All die alten Erinnerungen kommen wieder auf.

Mal wieder zum Niederknien

Jaaaa! genau danach habe ich gesucht...!

Sicherlich nicht für jedermann.

Aber wenn ihr mutig seid, versucht es doch mal!

Das sind Pilze, möchtest du!?

Ich... verzichte...

Das kann man essen?

Oha!?

Ich bin wieder zu Hause...

Was ist das denn Glitschiges?

Auf warmem Reis duftet es noch würziger...

Der Essig zum Abschluss hat den Geschmack schön abgerundet, ohne das Aroma völlig zu überdecken.

Dampf!

Apfelessig

Ende Episode 23

Episode 24 **Miso-Sellerie**

Ich hatte mich so auf die bayerische Natur gefreut...

Du bist echt die Einzige, die bei Natur an Gemüse denkt...

Ich bin auf der Suche nach Gemüse.

Letzten Sommer habe ich mir das Buch „Essbare Wildpflanzen" gekauft.

Aber es ist schon wieder Winter und ich bin kaum rausgegangen.

Essbare Wild-Pflanzen

Juhuu Bärlauch!!

Den kann ich zu meinen Gyōza* essen.

Auch im Frühling gibt es verschiedenste Wildpflanzen.

Ohhh! Äpfel und Pflaumen.

Im Sommer und im Herbst gibt es viel Leckeres zu ernten.

Hier in Deutschland pflanzen viele Leute Obst und Gemüse im eigenen Garten an.

Bedient Euch!

Manchmal sogar zum Mitnehmen.

*japanische Teigtaschen

Fu-Ki?

Fu...

Bitte was??

Vermisst du sie nicht auch schon...

die Fuki-Sprossen...

Säusel...

Grau wo man auch hinsieht.

Jetzt ist aber wieder Winter... Es ist so trostlos...

Erst recht, weil ich nichts hiervon bekomme!!

Wenn ich das Buch lese, bekomme ich immer mehr Hunger.

Schnief!

...Vielleicht solltest du das im Winter einfach nicht lesen...

In Deutschland habe ich aber noch nie welche gesehen.

Ess-bare Wild-pflanzen

Knusper!

Im Frühling habe ich mich immer darauf gefreut, Fuki-Sprosse im Garten zu ernten und zu frittieren.

Fuki ist eine in Japan weit verbreitete Pestwurz.

Aber mehr als Rosenkohl-Miso wurde nicht daraus...

......

......

Ich hatte es sogar schon mal mit Rosenkohl und Miso versucht.

Der ist ja auch rund und bitter. Das klappt bestimmt!

Rosenkohl!?

zerkleinern und gut vermischen,

Das ganze Gericht zu ersetzen wird bestimmt schwierig.

Ich weiß ja nicht, wie das aussieht...

Gibt es denn gar nichts Vergleichbares?

Vor allem Tempura!

Aber vielleicht kann ich ja zumindest den Geschmack imitieren.

...Oh!

Wie sieht Fuki denn aus?

Fuki sagt mir nichts...

Naja, Fuki ist so...

Wenn ich wenigstens ein ähnliches Gemüse hätte, das ich mit ein paar Gewürzen anpassen kann...

夫

Bei schwacher Hitze unter stetigem Rühren braten...

......bis die meiste Feuchtigkeit verdampft ist, und...

Es tut mir sehr leid.

Richtet euch bei den Mengen einfach nach eurem Bauchgefühl.

Dabei wollte ich das doch im Manga verwenden...

...Ups!

Ich hab vergessen abzumessen...

!!

Köstlich!!

Diese würzig bittere Note

es schmeckt wie Fuki-Sprossen... ein bisschen!!

Dampf!

Fertig!!

Ohhh!

Der Duft! Ich glaube das könnte geklappt haben...!?

Später habe ich dann erfahren, dass gekochte Selleriestangen tatsächlich gerne als Ersatz für Fuki verwendet wird.

Waas!?

Im Internet

Es ist... nicht schlecht... Sellerie...?

Ich kann es... nicht so recht beschreiben...

Überwältigt vom ungewohnten Geschmack.

Ich habe die Onigiri* damit bestrichen und gebraten. Schmeckt super!!

Die Blätter scheinen ein bisschen bitterer als die Stängel zu sein.

So kann man ganzjährig ein „Frühlingsaroma" genießen.

Mampf

Und!?

*kleine Reisbällchen, oft dreieckig geformt.

Ende Episode 24

Delikatessen aus Lachs und Muscheln

An der Luft oder in Salz getrock-
neter Fisch und Meeresfrüchte
sind in Japan als Delikatessen
sehr beliebt. Besonders häufig
werden sie in Kneipen und
Restaurants zum Sake serviert.

Zubereitung (für 2 - 3 Personen)

① Lachs
Etwa 150g Lachs von allen Seiten mit Salz bestreuen und
in Küchenpapier einwickeln. Eine Nacht im Kühlschrank
ruhen lassen.
In 1cm breite Streifen schneiden und für 60 bis 90 Minuten
bei 110 °C im Ofen dörren.

② Muscheln
Die tiefgekühlten Muscheln über Nacht im Kühlschrank
langsam auftauen lassen. Eine Sauce aus Sojasauce, Sake
und Zucker im Verhältnis 3:3:2 anrühren und die Muscheln
30 Minuten darin ziehen lassen.
Zwischen 60 und 90 Minuten im Ofen bei 110 °C dörren.

Nabe aus Tomaten-Dashi

Nabe (japanisch für „Topf") ist eine traditionelle Zubereitungsform ähnlich dem deutschen Eintopf, bei der die Zutaten in einem großen Topf in einer Brühe direkt auf dem Tisch gekocht werden. Je nach Region werden die unterschiedlichsten Zutaten und Dashi verwendet.

Zubereitung (für 2 Personen)

① 500g getrocknete Tomaten kurz abspülen und in einem Liter heißem Wasser über Nacht einweichen lassen.

② Die so entstandene Brühe erneut erhitzen, Zutaten nach Belieben hinzugeben und garen. Mit lange zu garenden Zutaten beginnen.
(Z.B.: Kohlrabi, Kartoffeln, Hackbällchen, Chinakohl und Frühlingszwiebeln)

③ Mit 2 EL Sojasauce und einer Prise Salz abschmecken.

Nametake

Nametake sind knackige sämige Pilze. Für die Zubereitung in Deutschland haben wir braune Kräuter-Seitlinge verwendet. Sie passen besonders gut zum Reis oder gedünstetem Spinat.

Zubereitung (für ein Schälchen)

① Einen Kräuter-Seitling in der Mitte teilen und längs in dünne Streifen schneiden.

② Die Streifen mit 6 EL Sake 2 bis 3 Minuten dünsten.

③ 2 EL Sojasause und 1 EL Honig hinzugeben und einkochen lassen.

④ Mit 1 EL Stärke andicken und zum Abschluss 1 TL Essig hineinrühren.

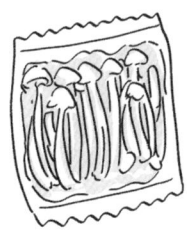 Nametake-Packung von der Schulmahlzeit.

(Als diese Episode in Japan veröffentlicht wurde, haben mehrere Leser gesagt, dass sie das nie in der Schule zu Essen bekommen haben.)

 Echt?  Nur in meiner Heimat...?

Miso-Sellerie

Die Sprosse von Fuki (asiatische Pestwurz) wird in Japan gerne frittiert oder mit Miso verzehrt. Sie beginnt im Winter zu sprießen und gilt mit ihrem herben Aroma als Vorbote des Frühlings.

Zubereitung (für ein Schälchen)

① 100g <u>Sellerieblätter</u> fein zerkleinern und mit <u>etwas Öl</u> in einer Pfanne braten bis sie weich sind.

② <u>3 EL Miso</u>, <u>2 EL Sake</u>, <u>2 TL Sojasauce</u>, <u>1 EL Zucker</u> hinzufügen. Unter stetigem Rühren bei schwacher Hitze köcheln lassen, bis die Flüssigkeit größtenteils verdampft ist.

Fuki-Sprossen gibt's scheinbar auch in Deutschland, z.B. im Schwarzwald. Sie sind aber eine ein bisschen andere Art Pestwurz als „Fuki," und dazu kommt auch die Verwechslungsgefahr mit den anderen giftigen Pflanzen. Also empfehle ich lieber, einfach Sellerie-Blätter für dieses Gericht zu verwenden, als im Wald Fuki-Sprossen zu suchen.

Kompliziert...

Wild-Pflanzen

3-Minuten-Rezepte für besonders Faule

Schlürf!

Wenn ich einmal wieder kurz vor dem Verhungern bin, weiß ich mich stets mit Nudeln zu retten...

Nudeln mit Ponzu (Zeitaufwand: 2 Minuten)

Tonnenweise Lauchzwiebeln

Hallo! Mögt ihr auch Nudeln?

Da rohe Eier in Deutschland nicht unbedenklich zu genießen sind, pochiere ich sie für 3 Minuten.

Mit knusprigen Röstzwiebeln sind sie sogar noch besser!!

Mmmh!

Schmelz!

犬

Besonders Käsespätzle zerschmelzen förmlich auf der Zunge und sind obendrein richtig sättigend.

Spätzle

Weiche Eiernudeln, manchmal sogar mit Fleisch oder Spinat im Teig.

Kürzlich bin ich auf Spätzle gestoßen: Eine Nudelsorte aus der Heimat meines Mannes- dem Schwabenland.

Das sieht doch nun wirklich nicht aus wie Spätzle.

Wie? Was?

Hach...

...muss ich da an Yakisoba* denken...

Das ist zwar ein Gedankensprung, aber warum nicht.

Yakisoba sind doch braun?

Dieser angenehme Kontrast zum Bier,

die luftig weiche Konsistenz,

die gelbe Farbe...

Ahh!

Irgendwie...

*japanisches Bratnudelgericht

Stimmt.

Die dünnen Spaghetti werden weich und fast schon klebrig...

...Oh!

Schmeckt gut, aber echte Yakisoba sind noch ein weniger trockener und nehmen mehr Geschmack auf, oder?

Und sie riechen immer noch etwas nach Natron.

Sowohl Geschmack als auch Aussehen werden zum Verwechseln ähnlich. Spaghetti mit Natron eignen sich also bestens für Gerichte wie Ramen oder Yakisoba.

Schäumt aber kräftig.

Aha!

Durch das Natron führt man etwas basisches hinzu, das sonst bei der Herstellung hineingemischt wird.

Aber... so ein flaches Argument...

Reicht mir!

Und mehr Oberfläche heißt auch mehr Geschmack!!

Was? Aber die Breite der Pasta heißt doch nicht gleich...

Außerdem werden sie dadurch bestimmt auch etwas fester.

Breiter

Dann nehmen wir andere Pasta.

Wie wär's mit diesen Tagliatelle?

Spitzkohl, Karotten und Zwiebeln in Sesamöl braten.

Garnelen und Miesmuscheln dazugeben und mit den Tagliatelle bei geschlossenem Deckel für eine Minute garen.

Zisch!

Die Tagliatelle also mit Natron 2 Minuten länger als auf der Packung angegeben kochen und mit Meeresfrüchten zu Yakisoba verarbeiten.

Ich habe wieder tiefgekühlte Muscheln ohne Schale genommen.

Fertig ist das Yakisoba à la Tagliatelle!!

Ohhh!!

Tada!!

Dann mit Salz, Pfeffer und etwas Hühnerbouillon würzen.

Zum Abschluss etwas Zitrone und...

Sie nehmen richtig viel Geschmack auf und sind weder zu hart, noch zu weich!!

Ist ja viel besser als vorher!!

Es duftet wie echte Yakisoba...

...aber deutlich milder als sonst!

Mampf!

Schnüffel

Und die Konsistenz...

Dabei bin ich sooo sicher, dass es passen würde...

Ganz bestimmt...

......

Ich bin eh bald wieder auf Dienstreise...

Übrigens...

Ganz habe ich die Yakisoba-Spätzle noch nicht aufgegeben...

Und zum Glück auch nicht aufwendig.

Die Zitronen sind erfrischend

Die liegen irgendwo zwischen Pasta und Asia-Nudeln. Wirklich interessant...!

Die Garnelen schön herzhaft

Ende Episode 25

130

Vom ganzen Mehl schon völlig benommen.

W-Wie das staubt!

Röchel

klapper

Röchel

Mögt ihr gerne Weizenmehl?
(Ähh... Was?)

Ob Okonomiyaki, Gyōza oder einfach nur Kuchen.

Auf Weizenmehl könnte ich niemals verzichten!

klapper

Vollkorn... Typ 1050... 1700...?

Und es gibt neben Weizenmehl ja noch ganz andere Sorten?

Und was ist das für eine Einteilung...?

405... 550... !?

Was soll ich denn jetzt nehmen!?

Waaas? So viele Sorten?

Eine der Erfahrungen, die ich in Deutschland gemacht habe...

Weizen mehl 405

Weizen mehl 550

Weizen mehl 1050

WOW!

Vollkorn Weizen mehl

Instant mehl

Etwa 10% Proteingehalt

Weizenmehl Typ 405

Selbst das hier „leichteste" fällt in Japan in die mittlere Klasse.

Aha!

Deswegen schmecken meine Kuchen in Deutschland etwas fester und schwerer...

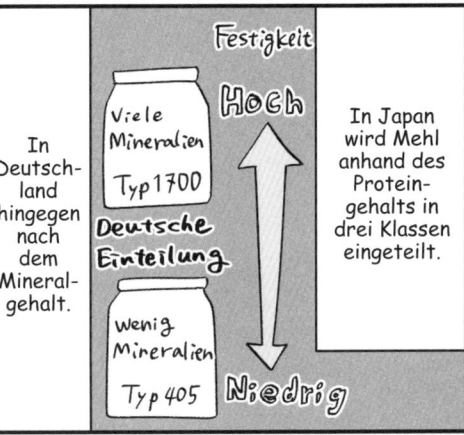

Festigkeit

Viele Mineralien

Typ 1700

Hoch

Deutsche Einteilung

Wenig Mineralien

Typ 405

Niedrig

In Deutschland hingegen nach dem Mineralgehalt.

In Japan wird Mehl anhand des Proteingehalts in drei Klassen eingeteilt.

Moment!

Huch...

Bissfeste Nudeln aus Weizen...

Oho!

Instant mehl... Wiener Griessler...

Instant mehl

weize 405

Wiener Griessler

„Kräftig fest, gut geeignet für Nudeln"... interessant...

Selbst innerhalb einer Klasse gibt es verschiedene Sorten...

Für jedes Rezept gibt es ein passendes Mehl...

Mit diesem mysteriösen Mehl...

...wage ich mich nun an selbstgemachte Udon-Nudeln.

Udon

Wiener Griessler

Müsste sich das nicht für Udon eignen!?

Knurrrr...

Das muss ich hier auf jeden Fall nachholen...

Gab's das schon immer? Hätte ich das bloß vor meiner Abreise probiert...

Und so habe ich zum ersten Mal von der Existenz von Sudachi-Nudeln erfahren...

Womit... kann ich die Sudachi ersetzen...

Sudachi ist eine Zitrusfrucht. Sie ist klein, grün und sehr sauer.

Meine Recherche nach Udon-Rezepten:

Es gibt „Sudachi-Udon"!?

Wie, was ist das denn?

Sieht gut aus!

132

So so! Je nach Temperatur muss man den Teig unterschiedlich lang ruhen lassen.

Aha! 300g Weizenmehl mit 135 bis 145ml Wasser und 1 EL Salz vermengen...

Und los geht's! Ich halte mich einfach an die beliebtesten Rezepte.

Der erste Eindruck ist entscheidend...

Was!?

Tada!!

Richtig, Limetten!!

Die sind auch grün!!

Ist der nicht vielleicht so fest, gerade weil ich zu lang am Kneten war...?

Uhhg... Mit 155ml Wasser ist endlich ein geschmeidiger Teig draus geworden...

Und so wollte es sich nicht so richtig verkneten lassen.

Hust

hust

* Eigentlich sollte man ihn nach dem Kneten 2-3-mal mit der Hand austreiben und zusammenfalten.

Leider habe ich mich für doppelgriffiges Weizenmehl entschieden, das angeblich besonders viel Wasser zieht...

Doppelgriffiges Mehl

Ro●en mehl

Wiener Griessler

Doppelgriffiges M

Flap! Flap! Flap!

Nudelverlängerungsgeheimtrick!!

Das ähnelt eher einer Bastelarbeit.

Flap!

Die sind mindestens 7mm dick.

↓

Hey, das war's schon!? Du Weichei!!

Spricht mittlerweile schon zum Teig.

↓

1 Stunde ruhen lassen und dann ausrollen.

Sobald er etwa 3mm dick ist, in Streifen schneiden.

Hust!

Röchel!

Ende Episode 26

Der Weihnachts-
markt in unserem
kleinen Dorf,
dauert leider
nur 2 Tage.

Hallo vom
deutschen
Weihnachts-
markt!

Schnür!

Das heißt
aber nicht,
dass es in
der Advents-
zeit nichts
zu tun gäbe...

zum
Bei-
spiel...

Die meisten großen
Weihnachtsmärkte
gehen bis zum
Vorabend des
24. Dezember.

Der Weihnachts-
markt versetzt
einen in
Vorfreude auf
Heiligabend!

Der bei
uns um die
Ecke ist
aber eher
eine Aus-
nahme...

Nur
2 Tage...

Uff!

Dafür wird
er aber oft
schon vor
Weihnachten
wieder ab-
gebaut.

Das Konzept mit Freunden
und Familie gemeinsam
Plätzchen zu backen
und zu feiern habe ich
erst in Deutschland
kennengelernt.

Auf geht's!

Da hilfst du
natürlich
auch mit!

Na gut.

Juhuu!
Süßig-
keiten!

Plätzchen
backen!!

Uhg...

Das ist einfach nur gebackene Stärke...

Knirsch

knätsch

Gulp...

Knätsch...

Ich nehme tiefgekühlte Shrimps,

...zerkleinere sie gründlich im Mixer, mische die Kartoffelstärke unter und backe das Ganze...

Mit Umluft 180°C

Gekocht und Geschält

Wieso...!?

Und warum mache ich das Ganze hier eigentlich!?

Ich halte mich doch an die Originalrezepte.

...Das ist eine gute Frage.

Röchel

röchel...

Hart!

Knirsch

Knartz

Auch danach habe ich verschiedenste Experimente durchgeführt.

Außen steinhart, innen roh!

Hust!

Getrocknet in der Pfanne!

Völlig verbraannt!

etc...

Ähm...

Für mehr Luft im Teig!!

Ei

Wollten wir nicht Plätzchen backen...?

Längst nicht mehr ansprechbar

Vielleicht hilft ja etwas Eiweiß?

Sind es die Zutaten... Fischfleisch... Proteine...?

Nach dem Backen kurz frittieren...

Die Zubereitungsart müsste eigentlich stimmen...

...Oh!

Hmm...

Dieses Frittieren und Erhitzen ist zwar aufwendig...

Als Letztes 1-2 Minuten pro Seite frittieren und für 30 Sekunden in die Mikrowelle.

Biep biep

...aber besonders wichtig!!

Eine Pfanne mit etwas Öl reicht zum Frittieren.

100g Shrimps im Mixer zerkleinern, mit Eiweißschaum von einem Ei, 4 EL Stärke und 1 TL Wasser mischen.

Runde Plätzchen ausstechen, auf Backpapier legen und nach Belieben z.B. mit Sesam würzen.

Das ist das finale Rezept.

Bei 180°C 15-20 Minuten in den Ofen.

Den Teig dünn ausrollen!

Ohhh! Das schmeckt ja richtig gut!

...schön würzig und genau richtig bissfest!!

Nicht ganz so luftig wie aus dem Laden, aber...

Davon könnte ich mehr essen!

Knusper!

Knusper!

Tada!!

Knusprig lockere Shrimp-Senbei!

Mit etwas Salz bestreuen und... Fertig!!

Glückwunsch

Klatsch

Klatsch

...und du hast mir schon Angst gemacht...

Shrimps zu den Plätzchen muss ja nicht sein...

Schnell aufessen.

Wir sind auch dieses Jahr bei normalen Plätzchen geblieben.

......
......

Aber stimmt schon...

Hach...

Das war ganz schön viel Arbeit.

Das hast du dir selbst ausgedacht!?

Hehe...

Ja, oder?

Richtig lecker! Unglaublich!!

Ende Episode 27

Auf geselligen Weihnachtsfeiern fühle ich mich richtig wohl!

Mit Sekt und Weihnachtsmütze.

Frohe Weihnachten!

Spätzle und Rotkohl

Bei vielen gibt es Gans oder Ente...

...und am 25. das Festessen.

...aber bei uns traditionell immer Wild!

Mit Nüssen & Honig.

Papa

Das Menü scheint recht weit verbreitet zu sein.

...am 24. etwas Schlichtes...

Ich liebe Kartoffelsalat zu Weihnachten!!

Wurst & Kartoffelsalat

Das Essen zu Weihnachten ist wirklich von Haus zu Haus unterschiedlich.

Und je nach Region...

Stimmt! Bei uns gibt es...

In der Zeit vergesse ich gerne meine Lust auf japanisches Essen.

Abgelenkt

Lecker!

Wollt ihr ein paar selbstgebackene Plätzchen?

Bei uns im Dorf kennen sich eigentlich fast alle.

Frohe Weihnachten!

Ein bisschen wie in Japan zu Neujahr.

Ich

Jugendfreunde

Schwiegermutter

Vater

Zwischen dem 24. und 26. gibt es oft Familientreffen. In Japan hingegen trifft man sich eher mit Freunden.

Juhuu!

Tada!

Und zu Silvester gibt es natürlich...

...lecker Raclette mit viel Fleisch und Käse!!

HAHAHA!

Bis dann schließlich Silvester ansteht.

Hier treffen wir uns viel mit Freunden und machen Feuerwerk.

Das ist eher wie Weihnachten in Japan.

Aber ohne Böller.

Häufig wird auch geböllert.

...muss ich immer an eine Sache denken:

"Soba" = Buchweizennudeln

Toshikoshi-Soba.

Im kalten Winter ist es besonders lecker...

Angeblich stammt es aus der Schweiz.

Mit so einem wohlschmeckenden Essen kann man das Jahr schön verabschieden.

Aber wenn wir so beim Jahresende sind,

Moment!

Wir haben ja noch ein paar Soba-Nudeln, die dein Agent uns geschickt hat.

Das ist richtig, aber...

Soba そば

Also möchte ich zumindest mit Soba abschließen.

Wir haben ja die Tage nur deutsch gegessen.

Schlürf!

Diese Sprünge werde ich nie verstehen...

Toshikoshi heißt Jahreswechsel und die langen Soba-Nudeln symbolisieren einerseits ein langes Leben, aber weil sie so zerbrechlich sind auch die Unbeständigkeit des Glücks.

Das klingt irgendwie gegensätzlich so erzwungen...

140

Die Hälfte ist schon weg.

..Darum geht's dir also.

Außerdem...

sind das hier wichtige Notreserven, die wir uns aufheben sollten...

Du willst selber Soba-Nudeln machen!?

...in Frankreich gibt es sogar herzhafte Pfannkuchen aus Buchweizenmehl.

Dann gibt es bestimmt auch hier dieses Mehl.

...dazu nehme ich 60g Weizenmehl und 100ml Wasser... Endlich wird der Teig fest...

200g Buchweizenmehl...

Er wird schnell rissig.

Uff!

Weizenmehl Typ 405

Soba-Teig wird aus zwei verschiedenen Mehlsorten hergestellt wobei Buchweizen den Geschmack und Weizen die nötige Festigkeit liefert.

Als Erstes den Teig.

Für klassische Soba
200g Buchweizenmehl
50g Weizenmehl

Ich kann ja wirklich Soba-Nudeln machen!

Buchweizenmehl

Auf geht's!

Im Supermarkt

habe ich tatsächlich welches gefunden.

In der Tat

Sobaherstellen ist ein Wettlauf gegen die Zeit.

Und jetzt wird der restliche Teig auch noch trocken!?

Rupf!

Rupf!

Ahhrrg!!

Das gehr gar nicht!!

Ahhh!! Der Teig ist zu feucht und die Schnittflächen verkleben!?

Anfänger

Zitter!

Ausbreiten, falten und gleichmäßig schneiden...

Schnipp...

Schnipp...

......mmh?

141

Im Zweifel statt Fisch einfach immer Avocado!

Avocado-Tempura!!

Stumpf ist Trumpf!!

Tada!

Mist! Die hab ich vergessen!

Was ist mit den Beilagen?

Schrimps... habe ich nicht, also...

Ich helf ja schon...

Wenn ich sie erst mal koche, wird das schon irgendwie!!

5 Minuten kochen.

Schütt!

Avocado und Ei sind sooo lecker...

Echte Soba!!

...und nehmen Geschmack aus der Brühe auf!!

Aber noch mehr... sie sind irgendwie... Vitaler...?

Dampf!

Irgendwie ist es doch noch fertig geworden!!

Und mit diesem etwas anderen Abschluss wünsche ich ein...

...frohes neues Jahr!!

Probiert auch mal Avocado-Tempura!

Nehmen wir es als Zeichen, auch mit den kleinen Sorgen abzuschließen.

Ok.

Einfach irgendwie zurechtbiegen.

Dann nimm halt einen Löffel, der Geschmack bleibt gleich.

...Ähm... Aber... sollen die so kurz sein...?

Spätzle...?

Schluss jetzt!!

Wenn du meinst...

Ende Episode 28

142

Das ist nicht der Berg Fuji sondern die Alpen.

Hallo!

Frohes neues Jahr allerseits!

Manchmal vermisse ich die japanischen Neujahrsgeschenke.

Frohes neues Jahr!!

1.1. im Hause Shirono

Wir waren gestern so lange wach... ich schlaf noch etwas...

Es ist schon Mittag!

Ich muss morgen eh arbeiten...

Schnarch...

Aufstehen!

Kommt das vielleicht von der Aufregung vom Vortag?

Am Tag nach Silvester gibt es aber nicht sonderlich viel zu tun.

Knall! Zisch!

Ganz anders als in Japan gibt es hier zum Jahreswechsel viel Feuerwerk.

Frohes Neues!

Frohes Neues!

Ohh!

*Serviervorschlag

Ich habe nämlich Osechi* gemacht!!

...hehe...

Deshalb habe ich das japanische Neujahrsfest immer etwas vermisst, aber...

Dieses Jahr bin ich vorbereitet...

Grins...

*japanisches Neujahrsbuffet

Wir sind ja eh bloß zu zweit,

da reichen auch ein paar Teller.

Aber wir haben keine solche Box.

Osechi sind doch...

...diese verschiedenen Gerichte, die man zu Neujahr isst, oder?

Bisher hatte ich Osechi einfach aufgegeben, aber dieses Jahr möchte ich es versuchen!!

Au ja!

Ein paar Tage zuvor...

Oho!

Maronencreme!!

Die brauchen wir unbedingt!

Aha?

Also... Sauer eingelegten Rettich... Süßes Omelett...

Aber wir müssen ja Zutaten aus dem Supermarkt nehmen...

Was isst man denn so üblicherweise?

Hmm...

Die Frage ist, „was" wir kochen.

Tada!

Anko aus roten Linsen aus Episode 10

Hierzu ein paar Maronen und das passt schon irgendwie!!

Ich hatte ja letztens erst Linsen-Anko gekocht! Das schmeckt irgendwie ähnlich.

Stimmt eigentlich!

Eigentlich kocht man diese aus Maronen und Süßkartoffeln. Aber deutsche Süßkartoffeln werden so wässrig...

Hmm...

...Oh!

Was mach ich bloß...

144

Date...
Maki?

Kenn ich
nicht...

...dann
kann ich
daraus
auch...

Datemaki*
kochen?

Kamaboko
kann ich
auch
machen.

Aha!
Wir können ja
auch viele der
bisherigen
Rezepte ver-
wenden!!

(Aus Episode 18)

...das
heißt...

*Fisch-Omelette

4. Gekoch-
te Garnelen

3. In Kombu
gerollten
Hering

Kombu aus
dem Asia Markt

5. Kamaboko
6. Datemaki
7. Maronen-
creme

Eigentlich
bräuchte
ich ja
schwarze
Soja-
bohnen.

2. Gekochte
Kidney-
bohnen

Aber die
gibt es
nicht im
Super-
markt...

Angeblich
aber im
← Bioladen.

Also
gibt es die
folgenden
Beilagen:

1. Radieschen-
Salat

...das
gibt im
Essig
be-
stimmt
eine
gute
Farbe.

Außen
rot und
innen
weiß,

......
......

32
Euro!?

Je 400g Lachs
und Forelle,
1 Hering,
2 Garnelen...!

Für
diesen
beson-
deren
Anlass...

Ups...

Wie
bitte
!?

...habe
ich etwas
besseren
Fisch und
Garnelen
gewählt
..."etwas"...

Muss ja
nicht alles
japanisch
sein.

8. Schweine-
braten

Dann
lass uns
ein-
kaufen
gehen.

Auf
geht's!

Sieht aus wie...

Unerwartet, aber auch nicht schlecht...

Sushi-Ingwer...?

Mit einem geschnittenen Radieschen als Dekoration ist zumindest der Schein gewahrt.

Die Farbe aus der Schale hat die Scheiben rosa gefärbt.

...Aber

einige Stunden später

Für eingelegte Radieschen schneide ich sie in dünne Scheiben, um viel von der Farbe sehen zu können.

Jetzt geht's an die Arbeit.

Rezept:
6-7 Radieschen aufschneiden, mit Salz etwas Wasser entziehen und dann in 3 EL Essig und 1 EL Zucker einlegen.

Pfff...

Das Ganze für je 10 Minuten bei 200°C dann bei 180°C in den Ofen...

Oha! So dünn!?

↑ Etwa 1cm

70g Dorsch im Mixer zerkleinern.
3 Eier, 2 EL Zucker, 2 EL Weißwein und 1 TL Sojasauce hineinmischen.

Lieber nicht zu viel auf einmal.

Als nächstes Datemaki.

Brumm!

Ich halbiere einfach die Mengen.

Zuerst Forelle, damit kein roter Lachs ins weiße Kamaboko gerät!

Brrrr

Nur am Aufräumen →

Kamaboko aus Forelle und Lachs

Mit einer 20cm langen Form

Einfach auf Frischhaltefolie legen und zu einer Rolle formen.

sollte es eigentlich gut klappen...

Ich hätte eine kleinere Backform verwenden sollen.

∟ Meine hatte etwa 30 cm.

Garnelen

Einfach kurz für 2 Minuten kochen und schälen, dann lassen sie sich einfacher essen.

Danach in 200ml Dashi und 1 TL Honig aufkochen, die Garnelen hineingeben und langsam abkühlen lassen.

Kidneybohnen

Die Bohnen in Wasser einweichen und bei schwacher Flamme 20 bis 30 Minuten köcheln lassen.

Aufsteigenden Schaum vorsichtig entfernen.

Schweinebraten

500-600g Schweinefleisch in je 4 EL Sojasauce und Weißwein für 1 Stunde schmoren, dann für 10 Minuten bei 200°C und 45 Minuten bei 120°C im Ofen braten.

Anschließend in Folie einwickeln und abkühlen lassen.

Vielleicht war es etwas viel Hering...

Ein Hammer?

Mit 3 EL Sojasauce und 1 EL Essig eine weitere Stunde lang köcheln lassen.

4 EL Weißwein sowie 3 EL Zucker zum Kombu-Wasser hinzugeben und die Rollen für 10 Minuten darin kochen.

3 Kombu-Blätter in Wasser einweichen, einen halben Hering darin einwickeln und mit einem Zahnstocher fixieren.

Dann noch Kombu-Hering

Ohhh!

Ein kleines Festessen!!

Osechi selbstgemacht!!

Tada!!

Das ganze auf einem Teller anrichten und...

Röchel röchel

...endlich geschafft...

Stimmt...

...schmeckt... nach Fisch!

Das Kamaboko aus Forelle und Lachs ist auch herrlich zart! Und der Kombu-Hering ist perfekt!!

Für meinen Mann war das vielleicht etwas zu viel des Guten.

Das Linsen-Anko passt wie erwartet bestens zur Marone!

Mit gekochten Maronen.

Die Kidneybohnen und die Garnelen sind auch super!!

Ohhh!
Perfekt!

Mmmh!! Schmeckt wie in Japan!

Die Radieschen sind lecker!!

Glück haben

Ganz bestimmt!

...dass wir „auch dieses Jahr wieder Schwein haben".

Also hoffe ich,

In Deutschland gilt das Schwein als Glückssymbol.

Glücksschwein

Oink!

Hehe... Beim Osechi haben alle Gerichte eine Bedeutung.

Für den Schweinebraten habe ich auch eine gefunden...

Das Schweinefleisch ist butterweich...

Unglaublich!

Ganz viele Schweine haben.

Ich wünsche euch auch für dieses Jahr alles Gute und ganz viel Schwein!

Die Vorstellung ist aber irgendwie schön...

HAHAHA!

Wer hätte gedacht, dass eine deutsche Redewendung zum japanischen Osechi passen würde!!

Ende Episode 29

Episode 30 Eingelegte Radieschen

Jeden Tag Brot wird mir dann doch irgendwann langweilig...

...und auch bei Tsukemono gibt es so viele verschiedene Sorten.

Aber Reis und Suppe geht irgendwie immer...

Ist ein bisschen wie Reis mit seinen Beilagen, nicht?

Und ich dachte schon...

Hmm... stimmt eigentlich.

Ein Grundnahrungsmittel (Brot) und herzhafte Beläge (oder Aufstriche).

Siehe Episode 7

Ich habe ja bisher schon vieles angesetzt und eingelegt...

Knackig!

Taku...

wie, was?

Am liebsten würde ich gerade Takuan* essen!

*traditionell eingelegter Rettich

Müffel...

...eingelegter Rettich riecht im Kühlschrank so...

Lass uns doch einfach welchen im Asia Markt kaufen?

Nichts gegen Rettich, aber...

Uhrg...

Es war einmal ein alter Man mit seinem Rettich und seinem Reis...?

Aber zu Reis passt Rettich einfach am allerbesten.

Das... mag ja sein, aber...

Ein Märchen?

Das taucht ja sogar in Märchen auf, glaube ich...

150

Hä?

Die müffeln auch nicht so stark!!

Dann kann ich doch einfach Radieschen nehmen!?

Aha!

Besonders beim Einlegen...

Hmm...

...... Oh!

Stimmt schon, deutscher Rettich riecht und schmeckt intensiver als der japanische.

Aber nur für etwas Rettich bis zum Asia Markt fahren zu müssen...

Luft-trocknen

Zum Glück sind Radieschen so klein und einfacher zu trocknen als Rettich!

Wäre kaufen gehen nicht einfacher...?

Also 7-8 Radieschen und ein paar Kaki-Schalen 4-5 Tage trocknen.

Schrumpel

Äpfel und Kaki...

KAKI

Juhuu! Die gibt es hier sogar!

Angeblich kann man das Aroma mit etwas Obst noch weiter verfeinern.

← Macht Takuan zum ersten Mal

Nein!

Fertig!!

Und es duftet unglaub-lich!!

Tada!!

Nach einer Woche

10g zerkleinertes Brot, 10ml Bier und 2g Salz in einer Tüte vermengen. Etwas Zucker und Chili, ein paar Kaki-Schalen und zum Abschluss die Radieschen einlegen...

Die Luft ausdrücken und gut verschließen.

Schalen von einer viertel Kaki

Eine Chili-Schote

Und die schönen Farben machen es richtig appetitlich.

Das Original ist intensiver,

Klares rot und weiß!

...jedoch hat dieser milde Geschmack auch seinen Reiz.

Aber es ist ganz schnell alle...

Alle ‿‿

Wow! Die Kaki-Schalen geben so ein schönes natürliches Aroma.

Oho!

Mmh!

Knusper

Schmeckt wie echte Takuan!!

Das ist wie geschaffen für Reis!!

Knusper

Bier

Es schmeckt zwar nie ganz wie das Original,

Etwas hiervon... etwas davon...

Die deutsch-japanische Fusionsküche bietet so viele Möglichkeiten.

...aber dafür entstehen mit deutschen Zutaten ganz neue Köstlichkeiten.

Naja

Wenn ich so zurückdenke, haben wir wirklich die verschiedensten Dinge nachgekocht...

Das meiste ist dann doch irgendwie anders geworden...

Von Eingelegtem bis hin zu Gewürzen.

Vielleicht konnten wir euch ja sogar inspirieren, euren Geschmackshorizont etwas zu erweitern!

Ahhhrg!

Na denn. Als Nächstes mache ich Nattō mit der Gerste vom Nachbarhof.

Fermentierte Soja-bohnen.

Vielen Dank, dass ihr 30 Episoden lang dabeigeblieben seid!

Alles nur nicht DAS!!

(Er hasst Nattō.)

Das Beste aus den gegebenen Zutaten kochen...

Vielleicht legen wir hiermit den Grundstein für eine ganz neue Küche...

(Eigentlich bin ich nur zu faul um weit zu fahren.)

Ich weiß ja nicht...

Ende

Yakisoba-Pasta

Yakisoba sind Weizennudeln, die gemeinsam mit Gemüse oder Fleisch in Sauce gebraten werden. Am weitesten verbreitet ist die Zubereitung in Austernsauce, je nach Region werden aber auch andere Gewürze verwendet. Sie sind besonders beliebt als kleine Zwischenmahlzeit auf Festen oder Partys.

Zubereitung (für 2 Personen)

① Je 2 EL Salz und Natron in 2 Liter Wasser auflösen und 160 bis 200g Pasta kochen.

② Gemüse (z.B. Kohl, Karotten und Zwiebeln) in mundgerechte Stücke schneiden und in Sesamöl braten. Je nach Belieben auch Garnelen oder Muscheln hinzugeben.

③ Die gekochten Nudeln hinzufügen und etwa eine Minute lang mitbraten.

④ Mit Salz, Pfeffer und Hühnerbouillon gut abschmecken. Mit ein paar Tropfen Zitronensaft abrunden.

Limetten-Udon

Udon sind dicke Weizennudeln, die vor allem als Nudelsuppe mit verschiedenem Gemüse zusammen gegessen werden. Sie sind leichter als Ramen und beliebt bei allen Altersgruppen.

Zubereitung (für 3 Personen)

① Eine Limette in dünne Scheiben schneiden und die Schale entfernen.

② 300g Weizenmehl (Typ405) mit 155 ml Wasser und 1 EL Salz gründlich verkneten, bis ein gleichmäßiger Teig entsteht. Eine Stunde ruhen lassen.

③ Mit einem Nudelholz auf etwa 3mm ausrollen und mit etwas Mehl bestreuen. Falten und in 3mm breite Streifen schneiden.

④ Die Nudeln möglichst nicht zu trocken werden lassen. Eine Brühe aus 1,2 l Wasser, einem Stück Kombu (10 x 10cm) und einer Hand voll Katsuobushi ansetzten und für 6 Minuten köcheln lassen. 2 EL Sojasause, 2 EL Mirin (oder 2 TL Zucker) sowie eine Prise Salz hineinrühren.

⑤ Einen großen Topf Wasser zum Sieden bringen und die Nudeln etwa 10 Minuten lang darin kochen. Die Nudeln portionieren und in der Brühe aus 4. und mit ein paar geschnittenen Frühlingszwiebeln servieren.

Shrimp-Senbei

Zubereitung (für 10 Stück)

① 100g aufgetaute Tiefkühlshrimps im Mixer zerkleinern und mit 4 EL Stärke, 1 TL Wasser und geschlagenem Eiweiß von einem Ei gut vermengen.

② Dünne, runde Cracker daraus formen und auf Backpapier legen. Nach Belieben mit Algen, Sesam oder Wasabi-Pulver bestreuen.

③ Im Ofen bei 180 °C zwischen 15 und 20 Minuten lang backen.

④ Danach die Cracker von beiden Seiten je 1 bis 2 Minuten in etwas Öl anbraten. Anschließend für 30 Minuten in die Mikrowelle geben und mit etwas Salz bestreuen.

Toshikoshi-Soba

Zubereitung (für 2 Personen)

① 200g Buchweizenmehl, 60g Weizenmehl und 100ml Wasser zu einem gleichmäßigen Teig verarbeiten.

② Mit einem Nudelholz ausrollen, etwas Mehl auf den Teig geben und in 2 - 3mm breite Nudeln schneiden.

③ In einem großen Topf für 5 Minuten kochen.

④ 800ml Dashi-Brühe mit 3 EL Sojasauce, 2 EL Weißwein, 1,5 EL Zucker vermischen. Die Nudeln mit Beilagen eurer Wahl in der Suppe servieren.

Deutsches Osechi

Osechi ist eine Sammlung kleiner, traditioneller Gerichte und wird in Japan vor allem zu Neujahr gegessen. Mittlerweile kaufen es viele Leute einfach im Supermarkt, aber früher war es üblich, jedes einzelne Gericht zu Hause stundenlang zuzubereiten.

Zubereitung (für 2 Personen)

① Radieschen-Salat

6 Radieschen in dünne Scheiben schneiden, mit etwas Salz bestreuen und eine halbe Stunde ziehen lassen. Das austretende Wasser abtupfen, die Scheiben mit 3 EL Essig und 1 EL Zucker würzen.

② Datemaki

70g Dorsch im Mixer fein zerkleinern und mit 2 EL Zucker, 2 EL Essig, 1 TL Sojasauce sowie Eiweiß von 3 Eiern gründlich vermengen. In einer länglichen Backform für je 10 Minuten bei 200°C und danach bei 180°C im Ofen backen. Auf eine Frischhaltefolie geben und wie eine Biskuitrolle formen.

③ Schweinebraten

Ein Stück Schweinefleisch (500 bis 600g) in einer Sauce aus 4 EL Sojasauce und 4 EL Weißwein eine Stunde schmoren lassen. Im Ofen für 10 Minuten bei 200°C und für weitere 45 Minuten bei 120°C braten.

④ Kombu-Hering

Den Hering in ein 1,5 x 5cm großes Viereck schneiden. Drei Kombu-Blätter in Wasser einweichen und auf die Länge des Herings zurechtschneiden. Den Hering einwickeln und mit einem Zahnstocher fixieren. Die Rollen in einen kleinen Topf legen und mit dem Kombu-Einweichwasser bedecken. 4 EL Essig, 3 EL Zucker hinzurühren und für 10 Minuten dünsten. 3 EL Sojasauce und einen weiteren EL Essig hinzugeben und eine Stunde lang weiter köcheln lassen. Kalt servieren.

⑤ Garnelen

Zwei Garnelen entdarmen, für 2 Minuten kochen und anschließend schälen. 200ml Dashi-Brühe mit einem halben TL Honig zum Sieden bringen, die Garnelen hineinlegen und alles abkühlen lassen.

⑥ Kidneybohnen

100g Kidneybohnen oder Bohnen eurer Wahl in Wasser eine Nacht einweichen. Das Wasser abgießen, die Bohnen in 1 EL Zucker und 1 TL Sojasauce bei schwacher Flamme für 20 bis 30 Minuten köcheln lassen. Die Gerichte auf einem großen Teller anrichten und servieren!

Eingelegte Radieschen

Takuan besteht aus getrock-
netem und in Würze eingelegtem
Rettich (hier ersetzt durch
Radieschen). Es ist eines der
beliebtesten Arten von Tsukemono Japans und findet sich
nicht nur in den Heimischen
Kühlschränken, sondern auch in
Bento-Boxen und zu vielen
Fertiggerichten. Knackige und
erfrischende Takuan erfreuen
sich auch außerhalb Japans
großer Beliebtheit.

Zubereitung (für eine Portion)

① 8 Radieschen und die Schale einer Kaki-Frucht zwischen
4 und 5 Tagen in der Sonne trocknen.

② 10g Brotstückchen, 10ml Bier, 2g Salz, eine kleine Chili-
Schote (rot) und eine Prise Zucker miteinander vermengen
und die Zutaten aus 1. darin für etwa eine Woche im
Kühlschrank ziehen lassen.

Aus geschälten Kaki kann man super einfach
getrocknete „Hoshigaki" (getrocknete Kaki) machen.

① Kurz in
Salzwasser
abkochen.

② Mit Schnaps
(z.B. Korn) die
Oberfläche
"desinfizieren."

③ Aufhängen und
für ca. 6 Wochen
trocknen lassen.

Man kann sie auch mit
Holzstäbchen befestigen.

Nachwort

Vielen Dank, dass ihr uns durch 30 Episoden voller deutsch-japanischer Fusionsküche begleitet habt!

Liebe Leserinnen und Leser.

Frische Milch

Stimmt.

Lokales verwenden zu können ist eben doch am schönsten.

Ich bin froh, dass ich so viele deutsche Lebensmittel in meine japanische Zubereitung einbeziehen konnte.

Die „Originalgerichte" gibt es ja zum Glück in japanischen Restaurants.

Woaa...

Vielleicht sehen wir uns ja irgendwann wieder!

Ich hoffe, es hat euch gefallen!!

Danke schön!!

Ich bin sicher, es gibt noch viele weitere deutsche Zutaten, die sich auf japanische Art zubereiten lassen.

Geräucherte Makrele

Mettwurst

Brötchen

Da wünsche ich mir ja glatt, ich hätte die deutschen Zutaten hier.

Ich habe es tatsächlich sogar geschafft...

Matjes

...meinen Agenten zu überzeugen.

Triumphierendes Grinsen

Besonderer Dank: Ich möchte mich bei meinem Agenten und persönlichen Betreuer Takashi Miyazaki, bei allen Unterstützern dieses Werks und natürlich bei allen Leserinnen und Lesern ganz herzlich bedanken.

Liebe Leser*innen,

vielen Dank, dass Ihr Euch für meinen Comic entschieden habt!

Erstmals wurde er 2019 in Japan veröffentlicht und ist jetzt endlich ins Deutsche übersetzt worden.
Ich bin wirklich froh, dass nun auch Menschen Spaß daran haben können, die nicht des Japanischen mächtig sind!

Ich wohne seit 2015 in Deutschland und finde es immer wieder spannend, wie einfach man in letzter Zeit in „normalen" Supermärkten an japanische Zutaten kommt. Manchmal sehen sie zwar ein bisschen anders aus, aber im Grunde genommen kommen sie schon sehr nahe an das "Original" heran. Dass sie nicht zu 100 Prozent die gleichen sind, macht aber gar nichts. Schließlich entwickelt sich die Esskultur in jedem Land anders und Zutaten schmecken nun mal auch nicht immer gleich, je nachdem wo man ist. Mehl ist nicht gleich Mehl, Rettich ist nicht gleich Rettich und sogar das Leitungswasser schmeckt anders!

Zum Glück! Denn ich genieße manchmal lieber die Unterschiede, als vergeblich zu versuchen genau den Geschmack japanischen Essens aus Produkten herzustellen, die nicht aus meiner Heimat kommen. Die Frage, ob mir das zum Beispiel beim Weißwurst-Sushi wirklich gelungen ist, lasse ich jetzt einfach mal so im Raum stehen.

Die Vielfalt der verschiedenen Zutaten, die man sogar in lokalen Supermärkten finden kann, ist schon gigantisch. Und jedes Mal wenn ich eine neue, fremde Zutat entdecke, bin ich ganz aufgeregt, dass die Welt, die doch schon so klein geworden ist, eigentlich doch noch so groß, unbekannt und spannend ist. Ich hoffe, wir bewahren uns unsere Vielfalt und Diversität - nicht nur bezüglich unserer Esskultur.

Abschließend möchte ich mich noch herzlich bei allen bedanken, die sich so viel Mühe dabei gegeben haben, diesen Comic auch in Deutschland erhältlich zu machen. Ich danke dem Mahoroba Verlag, dem Übersetzer Daisuke Victor Kiezmann, dem Designer Takayuki Isomi, der Lektorin Doris Schäfer-Löw und natürlich meinem Mann.

Es war mir eine große Freude mit Euch zu arbeiten!

Juni. 2020
Yuki Shirono

Aufgemerkt!

Dieser Comic wird wie im Original gelesen –
**von "hinten" nach "vorne"
und von rechts nach links.**

© Mahoroba Verlag 2020
Umschlagbild: Yuki Shirono / Umschlagdesign: Takayuki Isomi
Übersetzung: Victor Daisuke Kietzmann / Lektorat: Doris Schäfer-Löw
ISBN 978-3-9819820-4-6
Alle deutschen Rechte vorbehalten.

Hakumai karawa nigerarenu, doitsude tsukuru nihonshoku, itsumo nanikaga sorowanai
©2019 Yuki Shirono. All rights reserved.
First published in Japan in 2019 by Kodansha Ltd., Tokyo.
Publication rights for this German edition arranged through Kodansha Ltd., Tokyo.

Datum der Erstveröffentlichung: 31.07.2020 / Preis 12,00 EUR (D) 12,30 EUR (A)